AUXILIA

Unterrichtshilfen für den Lateinlehrer

Friedrich Maier (Hg.)

Latein auf neuen Wegen

Alternative Formen
des Unterrichts

Impulse aus den Arbeitskreisen
des Bundeskongresses des Deutschen Altphilologenverbandes
in Heidelberg 1998

C. C. Buchners Verlag · Bamberg

AUXILIA
Unterrichtshilfen für den Lateinlehrer
Herausgegeben von Prof. Dr. Friedrich Maier
Humboldt-Universität zu Berlin

Dieses Werk folgt der reformierten Rechtschreibung und Zeichensetzung. Ausnahmen bilden Texte, bei denen künstlerische, philologische oder lizenzrechtliche Gründe einer Änderung entgegenstehen.

ISBN 3 7661 **5444** 3

1. Aufl. 1 [4321]   2002 2001 00 1999
© C. C. Buchners Verlag, Bamberg 1999

Gesamtherstellung:
Graph. Großbetrieb Friedrich Pustet, Regensburg

Vorwort

Der sicherste Weg in die Zukunft liegt auch für das Fach Latein in der Mitte – *Medio tutissimus ibis* – zwischen Beharren und Sich-Verändern, zwischen Tradition und Wandel.

Die Schule unterliegt gerade heute wieder tief greifenden Veränderungen; dies wird auf allen Bildungskongressen und -symposien deutlich. Die Zielsetzungen, aber auch die Methoden des Unterrichts stehen zur Diskussion. Der „neue Schüler" verlangt offensichtlich auch nach neuen Formen der Lehre. In den zuletzt veröffentlichten Lehrplänen oder Rahmenrichtlinien werden sie bereits vorgeschlagen, zuweilen sogar verbindlich gemacht.

Die Vertreter des Lateinunterrichts haben sich an der Methoden-Diskussion von Anfang an beteiligt und ihre Ergebnisse zumeist schon im eigenen Unterricht erprobt, wie die Veröffentlichungen in den Fachzeitschriften zeigen. Die didaktische Szene ist in Bewegung geraten. Deshalb hat der Deutsche Altphilologenverband nahezu alle Arbeitskreise des Bundeskongresses in Heidelberg 1998 der Didaktik der neuen Unterrichtsformen gewidmet, und zwar für den Bereich des Sprachunterrichts ebenso wie für den des Lektüreunterrichts. Die vorgetragenen Ergebnisse haben viele neue Impulse ausgelöst. Veränderungen bahnen sich an; allerdings wurden auch die von der Sache Latein gesetzten Grenzen jeweils klar markiert. Tradition und Fortschritt versuchte man in eine verträgliche Verbindung zueinander zu bringen.

Damit die von den Referentinnen und Referenten erarbeiteten Konzepte und Vorschläge allen Latein-Lehrenden zugänglich werden, sind sie in einem eigenen AUXILIA-Band zusammengefasst worden. Ihre Veröffentlichung darf ohne Zweifel zu den „Unterrichtshilfen für Lateinlehrer" gerechnet werden, die durch diese didaktische Reihe der Schulpraxis zur Verfügung gestellt werden sollen.

Friedrich Maier

Dieter Belde

Möglichkeiten des Offenen Unterrichts

Grundlegende Hinweise – Beispiele aus der Praxis

In den letzten Jahren wurde sogar in der Öffentlichkeit eine heiße Diskussion um neue Formen des Unterrichts geführt. Dabei hatte man oft das Gefühl, dass es bei dieser Diskussion um etwas ging, das eigentlich mit Unterricht nur wenig zu tun hat. Nach dieser Phase haben die Praktiker die Sache in die Hand genommen, und die neuen Unterrichtsformen werden einer Prüfung auf ihre Tauglichkeit unterzogen. Daher werden nun die Vorzüge und auch die Nachteile in einer weitaus sachlicheren Diskussion den interessierten Fachkollegen vorgestellt. Innerhalb dieser Entwicklung versteht sich auch dieser Beitrag nur als Zwischenergebnis. Eigene Versuche mit neuen Formen des Unterrichts sollen dargestellt werden, um den Kollegen die Möglichkeit zu geben, auf dieser Grundlage es selbst damit zu versuchen, um so zu einem eigenen, abgewogenen Urteil zu kommen. Es geht weder darum, die traditionellen Formen des Unterrichts zu verteufeln, noch bezüglich der neuen Formen des Unterrichts übertriebene Erwartungen zu wecken. Vielmehr sollen nur die bewährten Formen erweitert werden durch Methoden, die sich für ganz bestimmte Situationen des Unterrichts eignen und die Ergebnisse des Unterrichts verbessern helfen.

1. Allgemeine Bemerkungen zum Offenen Unterricht

Es wird hier nicht versucht, über die Begrifflichkeit der neuen Unterrichtsformen Überlegungen anzustellen. Vielmehr wird auf eine wohl bewährte Systematisierung zurückgegriffen, die für die Beschreibung von Formen des geöffneten Unterrichts üblich ist. Es wird unterschieden zwischen:

- ■ Freiarbeit
- ■ Wochenplanarbeit
- ■ Projektorientiertem Unterricht[1]

Der Begriff des 'Handlungsorientierten Unterrichts', zählt zu den 'Neuen Unterrichtsformen', wird aber hier nicht berücksichtigt. Zu bedenken ist, dass es natürlich immer Überschneidungen und Mischungen der einzelnen Formen gibt.

4

Angestrebt wird keine theoretische Abhandlung, sondern durch Beispiele aus dem Unterrichtsalltag soll dargestellt werden, wie man sich ein solches Unterfangen im Unterricht vorzustellen hat. Man wird dabei sehen, dass alles längst nicht so spektakulär ist, wie es die Diskussion um den ‚Offenen Unterricht‘ vielleicht vermuten lässt, und einige werden sicher erstaunt feststellen, dass sie diese als neu gepriesene Form des Unterrichts schon längst praktizieren. Das soll aber nun nicht heißen, dass diese Impulse völlig überflüssig wären und es einfach das Beste wäre, im bewährten Stil weiter zu unterrichten.

1.1 Ansatzpunkte und Vorteile im Lateinunterricht

Das würde bedeuten, dass man sich einiger Möglichkeiten berauben würde, die äußerst positiv gerade für das Fach Latein sind. So ist Latein eines der Fächer, über die mehrfach von den Schülern sehr deutlich abgestimmt wird. Am deutlichsten geschieht das durch die Abwahl nach Klasse 10, 11 oder 12. Sicherlich ist in vielen Fällen mit dieser Abwahl auch ein Urteil über die Qualität von Unterricht verbunden. Schon aus diesem Grunde sollte man sich bemühen, mögliche Verbesserungen in der Methodik des Unterrichtens in seinem Unterricht zu berücksichtigen.

Daneben hat sich eigentlich überall der Unterricht in der Primarstufe stark verändert, so dass die Schüler, die auf das Gymnasium kommen, in den neuen Formen des Unterrichts gut unterwiesen sind. Als Lehrer kann man da an viel Bekanntes anknüpfen und sich einige Tips für den „Offenen Unterricht" von den Schülern holen; die sind da oft ganz erfahren, und ein „Stuhlkreis" ist für viele Grundschüler eine Selbstverständlichkeit. Man kann hier also an Erfahrungen anknüpfen und erleichtert außerdem den Schülern die Gewöhnung an die neue Schulform des Gymnasiums. Das gilt natürlich verstärkt für das grundständige Latein ab Klasse 5 und nur eingeschränkt für das Latein ab Klasse 7. Aber auch hier wird man oft feststellen, dass die neuen Formen in Klasse 5/6 fortgeführt worden sind, so dass man auf jeden Fall methodisch kein völliges Neuland betritt.

Daneben wird durch diese Formen des Unterrichts stark die Selbstständigkeit der Schüler gefördert. Das Erlernen dieser Fähigkeit kann gar nicht genug hervorgehoben werden. Selbstständiges Arbeiten ist gerade beim Fortschreiten des Lehrganges bei gleichzeitigem Abnehmen der Stundenzahlen unerlässlich. In Klasse 9 oder 10 muss bei den geringen Stundenzahlen für das Fach Latein erreicht sein, dass viele Lernprozesse von den Schülern selbstständig durchgeführt werden können, ohne dass der Lehrer jedem Schüler die einzelnen Lernschritte jeweils aufzeigen muss. So ist ein gleichzeitiges Wiederholen von Bekanntem und eine Neuaufnahme von Unbekanntem nur noch schwer möglich. Im Anfangsunterricht bei (meist) täglichem Lateinunterricht war das meist kein Problem. Da konnte man leicht alles nebeneinander schaffen, was sicher auch zum Erfolg des Lehrgangs beigetragen hat. Das ändert sich schlagartig bei der Reduzierung der Stundenzahlen, und ein Hilfsmittel aus dieser problematischen Situation kann es sein, wenn die Schüler es gelernt haben, selbstständig an vieles heranzuziehen, zum Beispiel an die auf jeden Fall unverzichtbaren Wiederholungen. Dadurch gewinnt man dann Zeit für andere wichtige Projekte im Unterricht.

1.2 Die neue Rolle des Lehrers

Außerdem wird man bei eigenen Versuchen mit Formen des geöffneten Unterrichts schnell feststellen, dass sich die Beziehung zwischen Lehrer und Schüler sehr positiv verändert. Man ist oft nicht mehr dazu da, unbotmäßige Schüler zu disziplinieren und zum Unterricht anzuhalten, sondern bei dieser Form des Unterrichts bekommt man eine ganz andere, aber viel angenehmere Funktion. Jetzt ist man eher Berater beim Lernprozess. Eine Aufgabe, die nicht nur angenehmer ist, sondern für die man auch viel mehr ausgebildet ist. Zudem erhält man die Möglichkeit, sich verstärkt um einzelne Schüler kümmern zu können, da man nicht mehr im Zentrum des Unterrichtsgeschehens steht und nicht mehr alle Unterrichtsprozesse über den Lehrer laufen. Das schafft den Freiraum für die anderen Aktivitäten. Der Lehrer kann sich nun einer Aufgabe widmen, für die er viel besser ausgebildet und geeignet ist, er wird zum Berater beim Lernprozess.

Grundsätzlich arbeiten die Schüler völlig selbstständig, Probleme versuchen sie zunächst selbst mit Hilfe des gelieferten Materials zu lösen, dazu gehören auch die beigegebenen Lösungsbögen. Wenn sie nicht weiterkommen, sind sie gehalten, sich von Mitschülern beraten zu lassen. Erst wenn sie da nicht zurechtkommen, sollen sie sich an den Lehrer wenden. Durch die Form des Unterrichts ist dieser für solche Beratungen freigestellt und hat nun die Zeit, sich ausführlicher, als er es bei jeder anderen Unterrichtsform könnte, mit einzelnen Schülern und ihren Lernproblemen zu beschäftigen. Man kann sich sehr schnell klarmachen, dass die Qualität dieser Gespräche eine völlig andere ist als im üblichen Frontalunterricht. Das führt außerdem insgesamt zu einer Verbesserung der Lernatmosphäre.

Ein weiteres Problem, das auch im Arbeitskreis angesprochen wurde, entsteht dadurch, dass in der Phase des Wochenplans die Bewertung der individuellen Leistung durchaus problematisch erscheinen kann. Eine individuelle Leistung ist oft schwer isoliert messbar. Das ist ziemlich unproblematisch, da es im Lateinunterricht grundsätzlich genügend Möglichkeiten gibt, Leistungen zu erheben, so dass eine kurze, bewertungsfreie Phase unbedenklich erscheint. Außerdem kann man ja erkennbar individuelle Leistungen bewerten, und die Qualität der geleisteten Schülerarbeit wird sich im Ertrag des folgenden Unterrichts ja niederschlagen und fließt damit in die Bewertung ein.

1.3 Einsetzbarkeit der neuen Methoden

Angefügt sei der Hinweis, dass sich diese Unterrichtsform nicht für alle Phasen des Lateinlehrgangs als möglich und sinnvoll erweist. Nur in besonderen Fällen ist es vorstellbar, dass neue grammatische Probleme im Offenen Unterricht von den Schülern selbstständig erarbeitet werden, höchst sinnvoll erscheint mir dagegen das selbstständige Arbeiten bei Wiederholungen und beim Einüben. Hier ist auch die Selbstständigkeit jedes Schülers gefordert, da nur er eigentlich genau wissen kann, was er üben oder wiederholen muss. Hier erwächst aus dem selbstständigen Arbeiten eine eigene Verantwortung für das Tun. Wenn man das deutlich machen kann, ist viel erreicht.

2. Beispiele aus der Praxis

Im Folgenden möchte ich nun anhand einiger Beispiele aus dem Unterricht zeigen, welche Möglichkeiten es gibt, neue Formen des Unterrichts in den traditionellen Unterricht einzubauen. Dabei kommt es mir darauf an, dass diese Modelle ohne aufwendigere Vorbereitung durchführbar sind; denn bei gestiegenen Stundenzahlen und der allseits gewaltigen Belastung erscheint es mir nicht sinnvoll, Unterrichtsmodelle vorzustellen, die unter den gegebenen Voraussetzungen nicht wieder durchführbar sind. Es sind also alles Beispiele, die ohne größere Vorbereitungen nachzuvollziehen sind.

2.1 Selbstständiges Arbeiten in einer Unterrichtsstunde (Dokument I)

Eine leicht zu organisierende Möglichkeit für selbstständiges Arbeiten in der Lektürephase möchte ich hier beschreiben. Dieses Beispiel erstreckt sich über eine Unterrichtsstunde oder auch nur einen Teil einer Stunde. Die Schüler erhalten die Aufgabe einen unbekannten Text zu übersetzen. Gleichzeitig erhalten sie die Anweisung, dass sie diese Übersetzung selbstständig zu organisieren hätten; es sei ihnen überlassen, ob sie die Bearbeitung allein, in Partnerarbeit oder in einer Gruppe durchführen wollten. Ebenso erhalten sie einen vorbereiteten Zettel, auf dem Hilfen für die Übersetzung angegeben sind.

Die Schüler können sich nun entscheiden, ob sie es ohne oder mit Hilfe versuchen wollen. Wenn sie es mit dem Zettel versuchen wollen, so sind auf dem Zettel die Hilfen gestuft angegeben. In einem ersten Bereich finden sich nur einige Angaben zu Vokabeln, als minimale Hilfe. In einem zweiten Bereich finden sich neben den Vokabeln auch einige Angaben zu grammatischen Schwierigkeiten; und in einem dritten Bereich findet sich eine kurze Inhaltsangabe des zu übersetzenden Textes mit weiteren Hilfen zur Übersetzung – als weitestgehende Hilfe. Diese Entscheidung der Schüler, mit oder ohne Hilfe zu arbeiten, ist völlig unkontrolliert und auch ohne Konsequenzen, so dass sie völlig frei und damit auch angstfrei gefällt werden kann. Die gebotene Wahlmöglichkeit der Hilfen auf einem einzigen Zettel ist sozusagen eine Sparmöglichkeit. Man könnte freilich auch alles auf drei einzelnen Zetteln bieten und – nach Lage der Dinge – auch mehr oder weniger Stufen der Hilfe anbieten. Um das Arbeiten auch wirklich völlig selbstständig durchführen zu können, war den Schülern außerdem ein Lösungszettel angeboten. Eine Musterübersetzung des Textes – zum besseren Verständnis ziemlich wörtlich – war nach Zeilen geordnet vorn auf dem Pult zu jeder Zeit einsehbar. Die Schüler konnten sie entweder als zusätzliche Hilfe benutzen, um die eigene Übersetzung erstellen zu können, oder sie konnten mit der Hilfe der Musterübersetzung die eigene Übersetzung hinterher kontrollieren. Alles war möglich, Ziel war es, selbstständig zu einer eigenen Übersetzung zu kommen. Diese konnte dann in der folgenden Stunde zügig besprochen werden, Varianten überlegt und Probleme ausgeräumt werden. Praktikabel erscheint es besonders auch für schwierigere Textpassagen, bei allzu leichten Texten lohnt wohl die Mühe der Vorbereitung nicht. Bislang ist meine Beobachtung, dass Schüler, obgleich sie sich kaum beobachtet fühlen können, nicht leichtfertig zu den vorbereiteten Hilfen, oder gar sofort zur vorgegebenen Übersetzung greifen. Vielmehr muss man sie in ihrem Ehrgeiz, es allein schaffen zu wollen, eher bremsen und sie nachdrücklich auf die Hilfen hinweisen. Die nachfolgende Übersetzung geht meist sehr rasch, Probleme der Grammatik sprechen sich schnell herum und sind dann gelöst und damit nur noch wenig interessant. Man kann recht schnell zu anderen Themen weitergehen. Ich halte diese Form des selbstständigen Arbeitens für sehr geeignet als Einübung in geöffnete Formen des Unterrichts, und zwar sowohl für die Schüler, als auch für den Lehrer. Es ist eine sehr überschaubare Aufgabenstellung, die trotzdem ein völlig selbstständiges Arbeiten der Schüler ermöglicht und sich in der konkreten Arbeitsanweisung sehr flexibel auf jeweilige Bedingungen der Lerngruppe oder des zu übersetzenden Textes anpassen lässt.

Dokument I

Arbeitsbuch Ostia A 2, L 24

XXIV Lēctiō quārta et vīcēsima

A „Wenn die Erde eine Scheibe wäre …"

→ Kapitel
„Die Erde und das Universum"

▼ *Innenbild einer griech. Schale aus dem 3. Jh. v. Chr. mit dem Sonnengott Helios (lat. Sol) und seinem Viergespann*

Das heutige (wissenschaftliche) Weltbild ist Ergebnis einer zunehmenden Erweiterung des menschlichen Wissens im Laufe der Geschichte. Was verbindet noch das heutige Wissen z. B. um die Existenz sog. „Schwarzer Löcher" (gewaltiger Energiemassen von ungeheurer Dichte) in den Tiefen des Universums mit dem altbabylonischen Weltbild von einer kreisförmigen Erde, die von Wasser umgeben und vom Himmel überwölbt ist, an dem verschiedene Fixsterne prangen?

Auch in der Antike war es so, daß neue wissenschaftliche Auffassungen nicht unbedingt zum Allgemeingut wurden. Im folgenden Text unterhält sich jemand mit einem befreundeten Philosophen über die Beschaffenheit der Welt:

Homērus: griechischer Dichter um 700 v. Chr., Verfasser von Ilias und Odyssee

Horātius: römischer Lyriker 65–27 v. Chr.

puppis, -is *f.*: Heck
summus mālus: Mastspitze

„Certē dīxerit aliquis: quot capita, tot sēnsūs! Trādunt enim auctōrēs quīdam veterēs terram discum esse natantem in ōceanō; ā tē autem audiō terram globum esse, quī aëre pendet! 5
Utrī crēdam, amīce, tibi an auctōribus veteribus?"

Philosophus rīdēns: „Nōn Archimēdēs posset tibī persuādēre! Saepe iam tibī dīxī inter omnēs virōs doctōs cōnstāre tellūrem 10
globum esse!"

„Quod sī vērum esset, Homērus meus saepe errāret! Apud Homērum enim legō sōlem interdiū quidem ab ōriente ad occidentem movērī, noctū autem per ōceanum natāre in ōrientem et māne hominēs recentī 15
– potius dīcam: lautā! – lūce dēlectāre!"

Philosophus: „Quandōque bonus dormītat Homērus – ut Horātius dīxit."

Amīcus philosophī: „Tamen – sī ad mare immōtum sistās et aquam observēs, exīstimēs …" 20

„Oh! Sī tacuissēs, philosophus mānsissēs! Nōlī mare observāre, immō vērō nāvēs observā ē portū exeuntīs! Prīma dēscendet puppis, ultimus summus mālus. Mīrum nōn est – summō globō vehitur! Apud Aristotelem inveniēs alterum argumentum: Sī tellūs discus esset, umbra tellūris, quae interdum in lūnā vidērī potest, 25
rotunda nōn esset. Nīl nisī globus umbram rotundam efficit; figūra alia nōn invenītur."

Amīcus: „Ohē – iam satis! Victus sum! Utrōque argumentō dēmōnstrāvistī terram globum esse … Homērus meus errāvit … Utinam nē tam doctus essēs! Quīn etiam sī mihī narrārēs multōs 30
mundōs esse, id quoque nōn negārem!"

Philosophus: „Fortasse sint multī mundī, amīce! Neque vērō dē rēbus cōgitēmus, quae mente hūmānā capī nōn possunt."

Du kannst selbst entscheiden, ob du die Hilfen benutzt oder nicht.
Du kannst auch selbst entscheiden, ob du selbstständig oder in Partner-/
Gruppenarbeit arbeitest.
Zur Kontrolle oder als Hilfe findest du auf dem Pult eine (ziemlich wörtli-
che) Musterübersetzung. Die Übersetzung wird morgen besprochen.

I. Erste Hilfe (Vokabeln/Grammatik)

quandoque	manchmal
dormitare	schlafen, nicht aufpassen
immotus	unbewegt, ruhig
observare	beobachten
tacuisses/mansisses	Versuche den Sinn der unbekannten Formen zu erschließen!
immo vero	hier: sondern
Aristoteles	griechischer Philosoph und Naturwissen-schaftler
argumentum	Beweis
umbra	Schatten
interdum	manchmal
luna	Mond
rotundus, a, um	rund
nil nisi	nur
efficere, efficio	hervorbringen
figura	Gebilde, Figur
uterque, utraque, utrumque	jeder von beiden
utinam	Wenn doch …! (Wunsch!)
quin etiam	ja sogar
mundus	Welt
negare	verneinen, leugnen
cogitare	nachdenken
mens, mentis f.	Verstand

II. Zweite Hilfe (Vokabeln/Grammatik)

sistere	stehen
existimes	Achtung: Konjunktiv
tacuisses/mansisses	verwende: „hättest"
noli observare	verneinte Form von: Observa!
exeuntis	= exeuntes
summo globo	auf dem „globus", wo er „summus" ist

esses/negarem	Konjunktiv; muss übersetzt werden
fortasse sint	Konjunktiv nicht übersetzen!
neque vero	aber nicht
cogitemus	Konjunktiv; muss übersetzt werden

III. Dritte Hilfe (Inhaltsangabe/Übersetzung)

Zunächst kritisiert der Philosoph mit einem Zitat aus Horaz den Homer (Z. 17/8). Der andere versucht seine Meinung, die Erde sei eine Scheibe, aus der Beobachtung zu beweisen (Z. 19/20). Der Philosoph bringt zwei Argumente für die Kugelgestalt der Erde (Z. 21–27). Der andere erklärt sich für überzeugt (Z. 28–31). Der Philosoph lehnt es ab zu spekulieren (Z. 32/33). *summo globo* – auf der Oberfläche einer Kugel/*si tacuisses,* ... – „wenn du geschwiegen hättest"/*noli observa* – „Beobachte nicht" (verneinter Imperativ)

Anmerkungen

Neu ist in dieser Lektion der Konjunktiv Imperfekt/Plusquamperfekt und seine Verwendung im Hauptsatz und im konditionalen Satzgefüge. Daneben ist neu *quidam, uter, neuter, uterque.* In der Lektion taucht allerdings der neue Konjunktiv zunächst recht selten auf, bis Zeile 16 nur der Konjunktiv Imperfekt an drei Stellen. Dieser Abschnitt war natürlich schon vor der beschriebenen Unterrichtsstunde übersetzt und auch der Konjunktiv Imperfekt und seine jeweilige Verwendung besprochen. Der neue Konjunktiv Plusquamperfekt taucht leider nur an einer Textstelle (Zeile 21) auf, so ist er leider kein echtes Problem des Textes, und der Text kann zur selbstständigen Erarbeitung durch die Schüler freigegeben werden. Der Textabschnitt ist sicherlich nicht einfach, aber die Schüler schafften es mit Hilfe der Angaben des Zettels recht gut; dabei wurden meist nur die Vokabeln herangezogen. Das war nötig, denn es waren auch die neuen Vokabeln dabei, die noch nicht gelernt waren. Die Musterübersetzung, die nach Zeilen geordnet war (hier nicht abgedruckt), wurde meist nur zur Kontrolle der eigenen Übersetzung herangezogen, sie steuerte keineswegs die eigenen Schülerübersetzungen. In der nachfolgenden Stunde konnten diese dann ausführlich besprochen und Varianten gewürdigt werden, das Textverständnis wurde sichergestellt, und dann ging es an die Erklärung des Konjunktivs, der bislang ja recht kurz gekommen war.

2.2 Wochenplanarbeit im Lektüreunterricht (Dokument II)

Die eben skizzierte Form des selbstständigen Unterrichts lässt sich nun erweitern auf einen größeren Zeitraum, etwa eine Woche. Eine Woche lang sollen die Schüler selbstständig arbeiten. Auch hier ist es ihnen wieder überlassen, ob sie allein, in Partnerarbeit oder als Gruppe arbeiten wollen. Zusätzlich können sie jetzt auch noch wählen, was sie in der Schule und was sie als Hausaufgabe bearbeiten wollen. Die Menge der Aufgaben ist so bemessen, dass sie nur durch Arbeit in der Schule **und** im Hause erledigt werden kann; es darf aber keine übergroße Menge von Aufgaben sein, da ist Augenmaß nötig. Die Aufgaben sind nicht eine willkürliche Ansammlung von Aufgaben, sondern sie sind geordnet. Es gibt mindestens zwei Bereiche, eine Sammlung von obligatorischen Aufgaben und eine Sammlung von fakultativen; man kann auch noch Wahlpflichtaufgaben einführen. Dabei ist nachdrücklich darauf hinzuweisen, dass die Arbeitsmenge der zwei Bereiche so bemessen sein sollte, dass alle Schüler, auch die schwächeren, nach dem Erledigen der Pflichtaufgaben auch noch zu den Wahl- oder Wahlpflichtaufgaben kommen können. Es wäre sonst für die Schüler zu enttäuschend. Denn oft sind im Wahlbereich die attraktiveren Aufgaben zu finden. Außerdem erscheint es wichtig, dass die Aufgaben nicht völlig willkürlich zusammengestellt sind. Es sollte ein gemeinsames Oberthema geben, unter dem alle Aufgaben stehen. Alle Schüler arbeiten also insgesamt auf jeweils unterschiedlichen Wegen an einem Thema. Insofern ist der Wochenplan eine extreme Form der individualisierten Unterweisung. Aber es muss sichergestellt sein, dass es ein gemeinsames Ziel für alle Schüler gibt; denn hinterher muss ein traditioneller Unterricht, z. B. ein lehrerzentrierter Frontalunterricht wieder ohne Probleme möglich sein. Das geht nur, wenn die Lerngruppe nicht zu sehr auseinander gefallen ist. Im Idealfall sollen die guten Schüler durch diesen Unterricht ein Thema in einem breiteren und differenzierteren Angebot in einigen weiteren Aspekten kennen lernen, während die schwächeren Schüler durch zusätzliche Angebote gestützt und an den Leistungsstand der Gruppe herangeführt werden. Daher ist es unbedingt erforderlich, dass es ein ausdrückliches gemeinsames Oberthema gibt, an dem alle individuell arbeiten.

Dokument II

Arbeitsbuch Ostia A 2, L 27

Apollonius erklärt dem Freund, daß sie noch ein Stück bis dorthin zu gehen haben; der Tempel der Diana liegt an der Stelle der älteren, wegen Verlandung des Hafens aufgegebenen Stadt. Zunächst kommen sie über die sog. Marmorstraße am Theater vorbei, gehen durch einige neuere Wohnviertel, die auf den Anhöhen liegen, bis schließlich der gewaltige Tempel in Sicht kommt.

Ap.: Ecce templum Dianae magnae!

Ph.: Quam ingens aedes!

Ap.: Nimirum, tectum eius centum columnis sustinetur.

30 Est autem haec aedes, quam vides, ex templi pristini ruinis restituta.

Ph.: Quid dixisti? Quid incidit?

Ap.: Accidit D (quinquagintis) fere annis ante. Illo quoque tempore Ephesii quotannis supplicationem quinque dierum Dianae
35 habuerunt. Aliquando, cum alta nocte plerique defessi essent saltando et bibendo, homo quidam insanus in templum se abdidit. Custodibus templi somno deditis difficile ei non erat velum cellae oleo facibusque incendere.

> **D annis ante:** im Jahre 356 v. Chr., angeblich in der Nacht, in der Alexander der Gr. geboren wurde

Ph.: Quae insania!

Ap.: Velum tignaque flammas aluerunt, ut statim templum totum arderet et deleretur.

Ph.: Et quid de isto insano?

Ap.: Tormentis cum quaesitus esset, se hoc flagitium commisisse dixit a nullo adiutum neque alia causa adductum nisi gloriae cupiditate. Cives autem Ephesii decreverunt, ut ille flammis traderetur, eisque placuit, ut etiam eius memoria damnaretur.

Ph.: Num id revera contigit?

Ap.: Recte dubitas! Paucos tantum annos nomen illius ceteris ignotum erat, donec rerum scriptor Theopompus nomen Herostrati prodidit. Cuius rei causa etiam Theopompus ille Ephesiis magno est odio.

▲ *Das Artemision heute*

Ad templum advenientes Pherecrates Vediusque turbam hominum acceperunt perpetuo clamantium: „Magna Diana Ephesiorum! Potens adiutrix, Diana, adiuva nos!", et statim circumfusi sunt ab institoribus statuas fictilīs Dianae atque aediculas praedicantibus ...

> **Theopompus:** griech. Historiker aus Chios, ca. 377 bis nach 320 v. Chr.

Pensa exercitanda

W 1
Ein Durcheinander

In der Komödie „Miles gloriosus" des Dichters **Plautus** (254–184) wird in einer Szene der Sklave Sceledrus in einem Verwirrspiel auf den Arm genommen. Palaestrio ist ein in die Intrige eingeweihter Mitsklave, Philocomasium die junge Frau, die eine Doppelrolle spielt, um die sich das Verwirrspiel dreht:

Sceledrus: Jetzt bin ich so durcheinander, daß ich gar nicht mehr aus noch ein weiß:
... ista non est *haec*, neque *haec ista* est!
ita est *ista huius* similis *nostrae* tua! [...]
Palaestrio! Oh! Palaestrio!
Palaestrio: Oh Sceledre! Sceledre! – Quid vis?
Sceledrus: Haec mulier, quae modo e *hac* nostra domo exiit, amica domini mei est!
Palaestrio: Ita videtur!
Sceledrus: Sed dic mihi: Quomodo *haec* ab *ista* vestra domo in *hanc* nostram domum ire

potuit – si vera amica domini est?
Palaestrio: Adeamus! Appellemus! – En! Philocomasium! Quid *istud* est?
Quid tu in *illa* domo fecisti?
Sceledrus: Nihil respondet ...
(Philocomasium und Palaestrio verschwinden von der Bühne.)
Sceledrus: Abiit *illa* et abiit *ille*. Certe *illa* quidem nunc est *hac* in domo.

Das Verwirrspiel geht noch etwas weiter – es löst sich eigentlich erst ganz zum Schluß auf – für den Sklaven Sceledrus.

Der Text enthält viele Demonstrativpronomina. Versuche einmal bei der Übersetzung, die Gestik, also die Zeigetechnik der Schauspieler nachzuvollziehen. Worauf verweisen die Formen von hic, iste, ille in diesem Text?

A 2 Die große Göttin

nummus: „Münze", in Rom Bezeichnung für den sestertius Sesterz), heute etwa 2,– DM

Dēmētrius: ephesischer Silberschmied im 1. Jh. n. Chr., bekannt aus der „Apostelgeschichte" des Neuen Testaments (→ Text C 1)

dēnārius: Münze im Wert von 4 Sesterzen

Dum amīcī salūtem invicem dant et reddunt, iam ā turbā hominum tumultuōsē clāmantium circumfūsī sunt. Ūnus ex eīs cēterōs repellēns Pherecratem: „Māgna Diāna Ephesiōrum! Ecce, domine!", inclāmāvit et imāginem Diānae ad oculōs tetendit: „Ecce! Haec Diāna tē semper custōdiet, ubīcumque eris, domine! Hanc imāginem 5 parvō tibī vendam, cum argentō sit ficta!" Ille eum nōn respicit, hic pergit: „– et hanc aediculam fictilem grātuītō tibī dābō, cum Alexandrīnōs amem. Haec omnia tua erunt nummīs tantum quīnquāgintā!"

Iam alius īnstitor vōce hunc superāns: „Nōlī istīus hominis verbīs 10 crēdere! Ista nihilī sunt, domine! Spectā hanc imāginem singulārem vel hanc figūram pretiōsam! In officīnā illīus Dēmētriī, artificis praeclārī, factae sunt!"

Et alius interrumpēns eum et togā subtrahēns haec clāmāvit: „Hūc spectā, domine ēgregie! Diāna illōs ... Egō vīgintī tantum dēnāriīs 15 hanc statuam tibī vendam aurō pūrō fictam! Diāna māgna, custōs hūius urbis, tē semper custōdiet, sī hanc statuam in templō ēius collocāveris. Tē cōnservābit, dōnec vīvēs!"

„Diāna Ephesiōrum mē decem quoque dēnāriīs custōdiet, dum Ephesī manēbō!" Hīs verbīs Pherecratēs eam figūram emit – decem 20 dēnāriīs.

14

Dokument II

Wochenplan vom 4. 11. bis zum 8. 11.

I. Pflichtbereich

Folgende Aufgaben musst du im Laufe der Woche in deinem Heft schriftlich bearbeiten. Es ist egal, ob du das allein oder mit anderen, zu Hause oder in der Schule tust.

1. Übersetze den Text L 27 B, Zeile 27–55 schriftlich.
   Lies dazu den deutschen Vortext!
   Benutze das Vokabelverzeichnis und das Verzeichnis für Lektion 27 B!
   Hilfen: Z. 32   incidit ist Perfekt
            Z. 42   quid de – was <war> mit
            Z 50/1   magno odio esse – sehr gehasst werden

2. Suche aus dem Text A II alle Formen des Pronomens HIC, bestimme sie und suche die jeweiligen Bezugswörter!
   Wenn du kein Bezugswort findest, überlege, welche Person oder Sache mit HIC gemeint ist!
   Es gibt 12 Formen, davon 4 ohne Bezugswort
   Hilfen: huc (Z. 14) gehört nicht dazu

3. Wiederhole die Vokabeln 1–6 (Freitag Test) und
   lerne die Formen von hic, ille, iste (Donnerstag Test)!

II. Wahlbereich

Aus den folgenden Aufgaben sollst du zwei auswählen, die du bis Freitag bearbeiten sollst.

1. Lies den Text auf Seite 80/81! Stell dir vor, dass du ein Bürger der Stadt Ephesus bist und Besuch aus Rom bekommst. Arbeite eine Stadtführung aus und beschreibe mindestens ein Gebäude der Stadt ausführlich.

2. Übersetze den Text A 2
   Hilfe: donec (Zeile 18) – solange

3. Übersetze den Text W 1 auf Seite 86! Ergänze passende Regieanweisungen (z. B.: der Schauspieler zeigt auf ...)! Überlege dir eine Handlung, in die der Autor diese Szene eingebaut haben könnte (Wie beginnt, wie endet sie?). Du kannst weitere Personen ergänzen.

4. Bearbeite den Übungszettel zu den Pronomina HIC, ILLE und ISTE.

Anmerkungen

Neu sind hier die Pronomina hic, ille, iste; erweitert werden die Verwendungsmöglichkeiten des Konjunktivs im Gliedsatz; insgesamt keine gewichtigen Probleme. Das machte wieder mal selbstständiges Arbeiten möglich. Hinzu kam, dass es nun am Ende des Lehrbuchs auch immer mehr darauf ankommen musste, die Schüler im selbstständigen Arbeiten mit Hilfsmitteln zu unterweisen. Sie sollten es hier also auch lernen, selbstständig mit einem (noch überschaubaren) Wörterverzeichnis umzugehen. Demnächst sollte das Lexikon benutzt werden können. Also stand im Zentrum der Übung das Trainieren der Übersetzungsfertigkeit. Deswegen war auch der Wahlbereich so gestaltet, dass mindestens eine weitere Übersetzung gewählt werden musste. Bearbeitet war schon Text A 1, die Formen der Pronomina findet man im Buch auf Seite 208, die Lektion ist mit deutscher Information, lateinischen Texten und Bebilderung in sich eigentlich eine schöne Einheit. Das konnte von den Schülern in dieser Woche erarbeitet werden. Bei dem Übungszettel (und später auch beim Test) mussten die kongruierenden Formen der Pronomina eingesetzt werden.
Beispiel: Setze die passenden Formen von hic, haec, hoc ein:

1. _____ senator   2. _____ senatori
3. _____ corporibus   4. _____ senatores

Insgesamt konnte sehr erfolgreiches, selbstständiges Arbeiten beobachtet werden.

2.3 Projektorientierter Unterricht (Dokumente III u. IV)

Zur Konzeption des Wochenplans gehört auch die Projektorientierung. Die einzelnen Aufgaben sollen nun nicht nur unter ein Oberthema passen und in fakultative und obligatorische Aufgaben unterteilt sein, sie sollen auch inhaltlich abwechslungsreich und vielseitig sein. Neben ganz traditionellen Aufgaben sollen auch solche immer angeboten werden, die mehr Kreativität als der traditionelle Unterricht erfordern. Im gewöhnlichen Frontalunterricht hat man nur selten Gelegenheit, solche Aufgabenstellungen zu bearbeiten, da es schwer ist, in dieser Unterrichtsform kreativ tätig zu sein; ganz anders ist es aber bei einem Wochenplan. Die Schüler lieben diese kreativen Aufgaben und sind oft zu erstaunlichen Leistungen bereit. Besonders zu empfehlen sind alle Aufgaben, die irgendwie ein aktives Umgehen mit der lateinischen Sprache verlangen. So kann man leicht etliche narrative Lehrbuchtexte in Dialoge umwandeln lassen. Man braucht ja kaum neue Vokabeln, und die grammatischen Strukturen müssen meist nur vereinfacht werden. Das geht natürlich auch umgekehrt.[2]
Daneben kann man hier natürlich auch gut Aufgaben ausführlich bearbeiten

lassen, die sonst oft nur ein Schattendasein führen. Alle Aufgaben, die die Realien der Texte des Übungsbuches auswerten und wofür die modernen Übungsbücher oft reiches Zusatzmaterial bereitstellen, können schriftlich bearbeitet werden; die oft reiche und exakt zum Inhalt passende Bebilderung des Buches kann schriftlich bearbeitet werden. Zu all diesen Aufgaben können die Schüler auch Materialien, die sie vielleicht selbst besitzen und die bei ihnen wenig geachtet zu Hause liegen, endlich anschleppen und im Unterricht einsetzen. Dadurch gewinnt der Lateinunterricht oft ganz neue Bereiche, und man kommt schnell zu fächerübergreifendem Unterricht.

Denkbar ist auch, dass man diese Unterrichtsform mit einer Produktion verbindet. Viele Aufgaben sind schnell so konzipiert, und oft werden es die Schüler selbst anregen, dass die Ergebnisse des Unterrichts nicht nur in einer schriftlichen Form vorgelegt werden, sondern auch in einer Produktion enden. In vielen Übungsbuchtexten legen die gebotenen Realien solche Produktionen nahe. Da kann z. B. ein Modell eines römischen Hauses gebastelt werden oder auch eine römische Straße, eine römische Cena lässt sich sehr real nachgestalten (vgl. Ostia, Bd. 1 S. 141–144), römische Kleidung, einschließlich der Frisuren, lässt sich ausprobieren, antike Schreibmaterialien können gebastelt und ausprobiert werden[3] (man kann auch kleinere Buchrollen basteln und mit antiken Schreibutensilien in scriptio continua beschreiben lassen, dafür kann man eigene, kleine Geschichten verfassen lassen), der militärische Sektor verführt natürlich schnell zu diversen Projekten, hier sei nur an die Möglichkeit des Baus eines Geschützes im Originalmaßstab erinnert (s. **Dok. III**); eine Zeitung auf der Grundlage des Unterrichts kann verfasst werden; da das Talent des Zeichnens nicht jedem gegeben ist und das Verfassen eines Comics sehr an dieses Talent gebunden ist und auch nur dann zu befriedigenden Ergebnissen führt, lässt sich die Idee trotzdem relativ leicht im Unterricht umsetzen, in der Form des Fotoromans (alle Schüler kennen das; hier wird der Text in Szenen zerlegt, die fotografiert und betextet werden, das geht sehr zügig in der Produktion, wir haben die Bilder dadurch nachgearbeitet, dass wir moderne, und daher unbrauchbare Bildteile weggeschnitten haben und durch eigene Zeichnungen ergänzt haben; dadurch erhält man antike Realien, wo keine sind und die für die Geschichte wichtigen Personen sind auf jedem Bild hervorragend identifizierbar (s. **Dok. IV**)); man kann die Inschriften der eigenen Gegend sammeln lassen (es gibt sogar Projekte, die vorschlagen, eigene Inschriften zu verfassen und dann auch in Stein zu hauen[4]); gelegentlich ergibt sich die Möglichkeit, bislang kaum beachtete und kaum bekannte Texte der Regionalgeschichte zu bearbeiten; usw.

Aus den Aufgaben eines Wochenplans können sich also leicht Unterrichtsprojekte ergeben, es gibt da einige Möglichkeiten, das zu steuern, wenn man es denn möchte, eine Vernetzung dieser Unterrichtsmethoden liegt nahe. Solche Unterrichtsprojekte können nun aber natürlich nicht jede Woche stattfinden. Sie sind, neben dem ganz traditionellen Unterricht, ein Additum. Man sollte aber nicht die Werbewirksamkeit und die Außenwirksamkeit solcher Projekte unterschätzen. Sie sind oft die Höhepunkte in der Karriere eines Lateinschülers, und die vielen wertvollen Lektüre- und Grammatikstunden sind nach einiger Zeit vergessen, solche Projekte aber nicht; man probiere es aus. Man wird dann auch viele Schüler von einer ganz anderen Seite kennen lernen. Denn bei dieser Unterrichtsform können viele Schüler, die beim traditionellen Unterricht wegen einiger Lücken im Lateinwissen nur noch sporadisch mitarbeiten können, vorzüglich mitarbeiten, und gelegentlich lernt man so ganz ungewohnte Fähigkeiten kennen. Für diese Schüler ist es eine wertvolle Erfahrung, auch im Lateinunterricht mal glänzen zu können.

Dokument III

Man sieht hier Schüler, die ein römisches Geschütz vorführen, das im Rahmen einer Projektwoche erbaut wurde. Bei diesem Torsionsgeschütz wird der Wurfarm durch ein gedrilltes Tau bewegt und kann Gegenstände ganz beachtlich weit schleudern.

Dokument IV (S. 19):

Man sieht hier eine Umsetzung des Textes aus der IANUA NOVA I (Neubearbeitung), Lektion 2 E; es ist sicherlich keine sehr aufregende Geschichte, die aber in dieser Form durchaus ihren Reiz hat. Schüler lieben diese Möglichkeit, sich mit einem Text zu beschäftigen. Im Unterricht ist es immerhin eine Wiederholung eines Textes, bei der jeder Schüler seinen Beitrag leisten muss. So wurde bei dieser Wiederholung nicht nur der vorliegende Text in Bilder umgesetzt, sondern auch ein anderer (L 4 E), so dass jeder Schüler sein eigenes Bild erhielt, dass er gestalten und betexten musste. Das musste dann zusammengestellt werden und hängt nun, schön gerahmt, an der Wand.

Anmerkungen

[1] Vgl. NISSEN, P. H.: Öffnung von Unterricht. In AU 1/97, S. 12 ff. Auf die Form der „Freiarbeit" wird hier nicht näher eingegangen.

[2] Hier sei eine Empfehlung ausgesprochen, die wir recht erfolgreich im Rahmen des Programmes SOKRATES ausprobiert haben. Es eröffnet dem Fach Latein ganz ungeahnte Kommunikationskompetenzen. So lernen unsere Schüler ja Latein unter Verzicht des Erlernens von anderen modernen Fremdsprachen. In vielen europäischen Ländern lernen auch Schüler Latein und dafür jeweils eine moderne Fremdsprache weniger. Diese Erkenntnis führte zu der Überlegung, dass die gemeinsame gelernte Fremdsprache Latein ja auch zur gemeinsamen Kommunikation taugen müsste. Nun ist es für Schüler nur schwer möglich, Latein so weit zu erlernen, dass eine echte Verständigung im Gespräch möglich ist, und es ist mit Recht kein Unterrichtsziel mehr. Trotzdem ist es schade und für Schüler auch nicht immer einsichtig, dass Latein so gar nicht als Sprache verwendet werden kann. Daher entstand die Idee, mit Hilfe des Computers, der inzwischen in vielen Schulen Einzug gefunden hat, und mit Hilfe von e-mails mit den Schülern anderer europäischer Länder Kontakt aufzunehmen. Das hat den Vorteil, dass die lateinischen Texte in Ruhe vorbereitet werden können, und auch die erhaltenen Texte können jeweils in Ruhe übersetzt werden. Themen finden sich immer, und man kann sich sicher leicht vorstellen, welche Aufregung es gibt, wenn sich die Schüler aus Spanien mal wieder gemeldet haben. Wir haben inzwischen die Situation genutzt und sind – statt nach Rom – mal ins römische Spanien gereist.

[3] Vgl. BRENDEL, W.: In AU 1/98, 24 u. 87 f.

[4] Vgl. MÜLLER, W.: Römersteine selbst gemacht. In: IANUS 12/1991, 101/2.

3. Literatur

3.1 Zum Projektorientierten Unterricht

MAIER, F.: Kreativität im lateinischen Lektüreunterricht. In: Anregung 6/89, 376–389.

ders.: Z. B. Der Kulturräuber Verres, Projektorientiertes Arbeiten im lateinischen Lektüreunterricht. In: Bastian, J./Gudjons, H. (Hrsg.), Das Projektbuch II, Hamburg 1990, 195–208.

ders.: Kreatives Arbeiten und Schülerprojekte. In: Konkrete Fachdidaktik Latein L 2. – München 1996, 138–156.

SCHAIBLE, B.: Amerigo Vespucci, Mundus Novus (II). Ein Lektüreprojekt für die Jahrgangsstufe 11. In: Anregung 6/97, bes. 387 ff.

AU 1+2/90: CLASEN, A.: Wege zur Anschaulichkeit, 4–20; GLÜCKLICH, H.-J.: Hercules und Cacus. Ein Beispiel zur Veranschaulichung durch Umsetzung eines Textes in Bilder, 56–64; GROHN-MENARD, C.: Caesaris expeditio in Germaniam. Ein Comic-Projekt in der Einführungsphase, 69–72; RODE, R.: Schüler drehen ein Video auf Latein, 84–87; u. a. m.

AU 3+4/94: NICKEL, R.: Durch Handeln aus der Krise, 5–14; HÖNLE, A.: Angewandte Rhetorik. Eine lateinische Rede als Ergebnis der Cicerolektüre, 103–105; OHLIG, C.: Wasserversorgung. Ein Projekt im Gespräch mit M. Vitruvius Pollio (de architectura) und Sex. Iulius Frontinus (de aquaeductu urbis Romae), 115–140; u. a. m.

AU 4+5/95: PERSON, K. P.: Fächerübergreifender Unterricht, 8–16; VON WULFFEN, D.: Wettkämpfe–Wahlkämpfe. Fächerübergreifende Projekte in der Sek. I, 21–29; NESEMANN, M.: „Cave mulierem". Fächerübergreifende Erstlektüre in Klasse 9, 58–71; u. a. m.

AU 2/97: MEURER, H. D./ RIEBELING, R./SELBERT, W.: Handlungsorientiertes Üben, 45–53.

AU 1/98: PFEIFFER, M.: Projektorientiertes Arbeiten im Lektüreunterricht (Vergil, Aeneis VI), 5–18; BRENDEL, W.: „Ludus". Projektorientiertes Arbeiten im Anfangsunterricht, 19–28; NEEFF, B.: „Von pecus zu pecunia". Ein Projekt zur Integration von Kulturgeschichte in den Sprachunterricht, 29–41; SEFRIN-WEIS, H.: Ovid für Kinder, 42–56; BRENDEL, W.: Zeitung im Lateinunterricht, 61–71; u. a. m.

3.2 Zur Öffnung von Unterricht

BELDE, D.: Einige Bemerkungen zur Öffnung des Unterrichts im Fach Latein. In: MDAV Niedersachsen 1/95, 2 f.

KOCH, E.: Alternative Methoden im Lateinunterricht. In: MDAV Nds. 1/96, 9–11.

KOCH, E.: Alternative Methoden im Lateinunterricht-Kurs 2. In: MDAV Nds. 3/97, 2–5.

RADEWALDT, F.: Öffnung des Unterrichts durch Wochenplanarbeit im Fach Latein. In: MDAV Nds. 2/95, 8–10.

AU 1/97: NISSEN, P. H.: Öffnung von Unterricht, 5–16; RADEWALDT, F.: Wochenplanarbeit, 17–30; BELDE, D.: Eine Woche ‚Offener Unterricht', 31–35; PFEIFFER, M.: Freiarbeit im Lateinunterricht, 46–62; NEEFF, B.: Freie Arbeit im Lektüreunterricht, 65–76; MÜLLER, R.: Spielerische Übungsformen, 77–91; Bibliographie zu „Wochenplan und Freiarbeit", 92–95.

Renate Gegner/Hartmut Schulz*

Lernen durch Lehren

LdL in der Spracherwerbsphase und im Lektüreunterricht

Der theoretische Ansatz

Die Methode Lernen durch Lehren (LdL) wurde Anfang der 80er-Jahre von Jean-Pol Martin, Universität Eichstätt, ursprünglich für das Fach Französisch entwickelt.

> „Bei der Methode ‚Lernen durch Lehren' überträgt der Lehrer einen Teil seiner Aufgaben auf die Schüler. Insbesondere wird die Korrektur der Hausaufgaben, die Präsentation des neuen Stoffes und die Einübung desselben von Schülern geleistet. Der Lehrer verteilt die Arbeitsaufträge mit guter zeitlicher Vorgabe (eine oder mehrere Wochen), er unterstützt die Schüler bei ihrer Vorbereitung und korrigiert ihre schriftlichen Vorlagen. Im Unterricht selbst interveniert er remedial, wenn Unsicherheiten auftreten oder wenn neue Motivationsschübe notwendig sind. Bei LdL werden in der Regel die Inhalte herangezogen, die vom Lehrplan festgelegt und in den Lehrwerken aufbereitet sind."[1]

Die ersten unterrichtspraktischen Erfahrungen mit dem neuen didaktischen Prinzip sammelte ich in Französisch. Die Methode LdL als Grundstruktur auch für den Lateinunterricht zu wählen, wurde zusätzlich bestärkt durch die Forderungen des neuen Lehrplans für das bayerische Gymnasium:

> „Erfolgreiche Arbeit am Gymnasium zeichnet sich erfahrungsgemäß durch bestimmte Merkmale aus. Dazu gehört … ein Unterrichtsstil, der die Zusammenarbeit der Schüler untereinander und ihre Selbstständigkeit, Entscheidungsfreude und Kreativität fördert … Schüler lernen besser und lieber, wenn sie an der Gestaltung des Unterrichts mitwirken können … Schülerbeteiligung fördert das Interesse am Unterricht, aber auch den Gemeinschaftsgeist und die gegenseitige Rücksichtnahme in der jeweiligen Klasse."[2]

Im Schuljahr 1988/89 fand ein erster Versuch im Anfangsunterricht in einer 7. Klasse des Pirckheimer-Gymnasiums Nürnberg statt. Aufgrund der positiven Erfahrungen blieb die Methode LdL in der Spracherwerbsphase meines Lateinunterrichts die Regel.

---

* Der Teil 1 (S. 22–34) wurde von Renate Gegner, der Teil 2 (S. 34–36) von Hartmut Schulz bearbeitet.

1. LdL in der Spracherwerbsphase des Lateinunterrichts

Für den Ablauf des Unterrichts sind andere Schwerpunkte als bisher bei Vorbereitung und Planung zu setzen.

1.1 Allgemeine Hinweise zur Unterrichtsplanung

1. Empfehlenswert sind Sitzordnungen, die den gegenseitigen Blickkontakt erleichtern und Gruppenarbeit ohne größeren Arbeitsaufwand ermöglichen.
2. Als Arbeitsmaterial sollten die Schüler neben ihren Heften Folien, Klarsichthüllen, wasserlösliche Folienstifte, Schere, Kleber und Papier ständig zur Verfügung haben. Das erspart z. B. bei der Durchführung einer Gruppenarbeit viel Zeit.
3. Arbeits- und Lerntechniken werden schrittweise und aufgabenbezogen eingeübt. Dies geschieht vor allem in Gruppen- oder Partnerarbeit.
4. Die Lehrer unterstützen die Schüler bei ihrer Vorbereitung (z. B. Bereitstellen von Materialien) und korrigieren – falls notwendig – ihre schriftlichen Vorlagen. Gezielte Hinweise zur Art der Darstellung jedoch sollten sie nur bei Bedarf geben. Als Hilfestellung erhält jeder Schüler zu Beginn des Schuljahres ein Infoblatt zur Grammatik- und Vokabelvorstellung (siehe Seiten 31 u. 27).
5. Die Übernahme einer Lehrfunktion für eine einzelne Arbeitseinheit erfolgt zuerst als freiwillige Aufgabenstellung. Mindestens zwei Schüler sollten jeweils dafür zuständig sein. Die Gruppen finden sich überwiegend selbst.
6. Nachdem die entsprechenden Arbeitsformen eingeübt sind, legt der Lehrer mit guter zeitlicher Vorgabe (eine oder mehrere Wochen) der Klasse Organisationspläne (siehe S. 32) vor, die die für die jeweilige Unterrichtssequenz notwendigen Arbeitseinheiten enthalten. Die einzelnen Schülergruppen tragen sich für die von ihnen gewünschte Aufgabe ein. Diese Übersichten werden – mit Name und ggf. Datum versehen – in der Klasse ausgehängt.
7. Schließlich kann der Lehrer – falls er das möchte – noch einen Leiter der Stunde bestimmen. Dieser erhält von ihm eine Karte mit allen notwendigen Anweisungen für den Ablauf des Unterrichts.

Für die Durchführung des Unterrichts bedeutet das, dass die Schüler zu zweit oder in kleinen Gruppen Übungen leiten, Hausaufgaben besprechen, neue Vokabeln vorstellen, Inhalte erschließen und im Bereich der Grammatik Teilgebiete erarbeiten, die vorher angesprochen und erklärt wurden. Auch bei der Arbeit an der Übersetzung können sie bestimmte Arbeitsgänge selbstständig leisten.

„Die Wahl der Methode LdL als Grundstruktur macht den gesamten Unterricht zum Projekt: das Erreichen aller im Lehrplan angegebenen fachspezifischen Ziele wird als Projektziel (Handlungsziel) der Lerngruppe vorgegeben. Auf dieser Grundlage werden die Wege gemeinsam festgelegt, die Arbeit wird aufgeteilt und es liegt in der Verantwortung aller, dass der Stoff erlernt wird."[3]

Schrittweise werden die Arbeits- und Lerntechniken für die einzelnen Aufgabenbereiche eingeübt.

Der Leiter der Stunde erhält vom Lehrer eine Karte mit allen erforderlichen Anweisungen für die einzelne Unterrichtsstunde. Er übernimmt damit die Funktion eines Moderators, der Lehrer legt symbolisch die Verantwortung für die Stunde in die Hand des Schülers.

Beispiel:

1.2 Karte für den Leiter der Stunde

Leitung der Stunde:	Datum Name	*28. 3.* *Raymar*
1. Abfrage: S. 71 f.) Nr. 2: Wörter des Rechtswesens	Name	*Stefanie/* *Katharina*
2. Präsentation der Vokabeln: 32 W	Name	*Silvia/Tanja*
3. Präsentation des Sachwissens: Römischer Prozess	Name	*Daniela/Sonja*
4. Texterarbeitung: L 32, 1–4	Koordinator(in)	*Saskia*
5. Präsentation der Grammatik: Indikativ und Konjunktiv Plusquamperfekt	Name	*Roland/Cornelius*
6. Spiel: „Formentelefon"	Leitung	*Roland/Cornelius*
7. Hausaufgabe: – 32 W lernen – 32 c) und d) Grammatik lernen – S. 72 a): Formenübung		
	Danke	

1.3 Übung

Als erste Lerneinheit wird das Leiten von Übungen trainiert. Einfache Übungen lösen die Schüler mündlich im Unterricht, Übungen mit komplexeren Sprachstrukturen bereiten sie entweder als Hausaufgabe oder in der Schule in Gruppen- oder Partnerarbeit schriftlich vor.

Am Beispiel der Übung „Unterscheide Wort- und Satzfragen und übersetze sie" (nach Roma C I, S. 21 e) soll die neue Rollenverteilung vorgestellt werden.

Wortfragen

Wer betritt das Landhaus?
Wessen Sohn ist Markus?
Wen (ruft das Mädchen)?   rufen die Mädchen
Wem erzählt der Onkel (Geschichten)?   eine Geschichte
Was trägt ihr?

Satzfragen

Lacht der Herr?
Rettet ihr die Villa?
Kennt Markus den Onkel nicht?
Erfreut die Geschichte Markus und Claudia?

Die Leiter der Übung rufen einen Mitschüler auf. Fehlerhafte Antworten oder Vorlagen verbessern sie selbst oder Mitschüler. Mit zunehmender Praxis geben sie gezieltere Korrekturhinweise wie z. B. Numerus (vgl. Sätze 3 und 4) und rufen nicht nur lapidar „falsch" oder „Fehler".

Um diesen Lernprozess durchzusetzen, ist viel Geduld notwendig. Der Lehrer darf bei der Fehlerverbesserung die Schüler nicht übergehen und vorschnell eingreifen. Er muss ihnen erläutern, wie wichtig taktvolles und gezieltes Korrigieren ist.

1.4 Besprechung der Hausaufgabe

Ein Schüler hat die schriftliche Hausaufgabe auf Folie vorbereitet. Bei der Besprechung korrigiert er seine Fehler (mit rotem Folienstift), während ein anderer die Verbesserung leitet und die Mitschüler aufruft.
Beispiel: Hausaufgabe zu Roma C I,8 (S. 11)

Pareš, markuš! Apporta epistulam,
servus serve! 2. Narra fabulas, puellae! Laborate et properate, servae!
3. Cur cessas tu, senn? Aduola, stude, para cenam! 4. Tacete, amici! Spectate tabulas!
5. Quis exspectat me? Exspectate me! Exspectasne tu me etiam?

Das Beispiel beleuchtet kleine Anfangsschwächen: zu geringer Abstand zwischen den einzelnen Sätzen, fehlende Kapitelangabe, gelungen ist die Größe und Deutlichkeit des Schriftbildes.
Hier bietet sich die Gelegenheit, Kriterien einer übersichtlichen Foliengestaltung gemeinsam zu erarbeiten.

1.5 Besprechung der Vokabeln

Die Präsentation der Vokabeln erfolgt durch szenische, optische oder epische Veranschaulichung. In der Regel kennen die Schüler diese Verfahrensweise aus dem modernen Fremdsprachenunterricht. Nach und nach lernen sie verschiedene mediale Techniken kennen und anzuwenden. Zuerst beschäftigen sie sich in Arbeitsgruppen mit der Darstellung von ein oder zwei Vokabeln. Nach der Auswertung der Ergebnisse sind Phantasie und Einfallsreichtum der Schüler gefordert.
Zusätzlich erhalten sie vom Lehrer folgende Empfehlungen:

1. Lies die Vokabeln **genau** durch und überlege, welche Wörter Besonderheiten aufweisen oder sich schwer merken lassen.
2. Schreibe die neuen Wörter auf eine Folie.
3. Du kannst ein Wort durch einen Beispielsatz erläutern (vielleicht auch **auf Lateinisch**) oder mit Bildern, Zeichnungen oder anderen Materialien vorstellen. Deiner Phantasie sind keine Grenzen gesetzt. Das einzige Ziel ist, dass die Wörter beherrscht werden. Je interessanter der Weg dahin, desto besser!
4. Frage den Lehrer, wie die Wörter ausgesprochen werden.
5. Im Anschluss können die neuen Wörter (eventuell mit den Erklärungen) ins Heft oder auf Karteikarten eingetragen werden.

Beispiele von Schülerpräsentationen für die Vorstellung von Vokabeln

a) Folien mit Bildimpulsen
– für *praeesse*

– für *aut – aut*; *solus*

b) Um ein neues Wort, das sie visuell nicht darstellen können, einzuführen, verwenden sie meistens Rätsel, deren Lösungswort das neue Wort ist. Dadurch ist die ständige Wiederholung der alten Vokabeln (auch in flektierter bzw. konjugierter Form) in spielerischer Weise gewährleistet, die im modernen Fremdsprachenunterricht durch den aktiven Gebrauch der Sprache geschieht.

Seele	wo?	Herr	er liebt	Speise	er weiß nicht	Freund
a	u	d	a	c	i	a
n	b	o	m	i	g	m
i	i	m	a	b	n	i
m		i	t	u	o	c
u		n		s	r	u
s		u			a	s
		s			t	

c) englische Beispiele: *dum*

Deutsch | Englisch
während | while
latein =
dum

d) lateinische Erklärung
tibi suadeo (neu) durch *consilium tibi do*

consilium tibi do ! oder

suadeo tibi !

28

e) deutsches Fremdwort
   res publica   Republik

1.6 Abfragen

Je nach Art der Hausaufgabe gestaltet sich das Abfragen sehr verschieden: Die Schüler fragen sich bei geschlossenem Buch die Vokabeln oder Grammatikphänomene gegenseitig mündlich ab. Auch Verb- oder Deklinationsschlangen fördern die Konzentration zu Beginn der Unterrichtsstunde. Bei der Abfrage auf dem „heißen Stuhl" setzt sich ein Schüler in die Mitte der Klasse. Dieser ruft seine Mitschüler auf, die ihm jeweils ein Wort oder eine Wendung sagen, die er übersetzen soll.

Die ganze Klasse muss 4 oder 5 Sätze, Konjugations- oder Deklinationsübungen schriftlich bearbeiten, wobei ein Schüler entweder an der Tafel oder auf Folie mitschreibt. Diese Sätze oder Übungen entwirft am Anfang der Lehrer, später gestalten sie die Schüler. Es hat sich bewährt, einen Ordner anzulegen, in dem Musterfolien für die Übungen gesammelt werden. Der Ordner wird – wenn möglich – im Klassenzimmer deponiert und bei Bedarf den Schülern zur Verfügung gestellt, damit diese sich die passenden Unterlagen für die gestellten Übungsaufgaben entnehmen können. Die wieder verwendbaren Folien dienen den Schülern als Grundlage für ihre Overlayfolien, die sie selbstständig erarbeiten.

Beispiele: Puzzlewörter

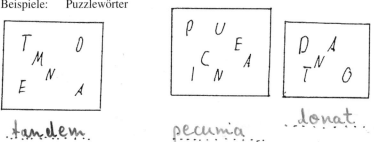

1.7 Grammatik

Auch Teilbereiche der Grammatik können durch Schüler eingeführt werden. Diese präsentieren am Anfang überwiegend Bereiche, die vorher angesprochen und erklärt wurden (z. B. Deklinationen, Tempora, Präpositionen, Kasuslehre, unregelmäßige Verben).

Beispiel: Vorstellung der Präpositionen mit Akkusativ

iuxta villam
neben dem Landhaus

neben dem Atu..
iuxta aram

iuxta atrium
neben der Halle

in villam properat
Er eilt in das Landhaus
Properat in forum
Er eilt auf das Forum.

Wir eilen in die Arena.
In arenam properamus.

Auf die Frage wohin? steht die Präposition: in (in, an, auf) mit dem Akkusativ!

⚠ Nach all diesen Präpositionen steht immer der Akkusativ!

In unregelmäßigen Abständen erarbeiten die Schüler in arbeitsgleicher Gruppenarbeit ein ihnen unbekanntes Grammatikkapitel (z. B. die Relativpronomina). Anschließend werden die Arbeitsergebnisse verglichen oder vom Lehrer eingesammelt und korrigiert. Die beste Fassung wird ausgewählt, eventuell ergänzt und ins Grammatikheft eingetragen. Es ist von großer Bedeutung, dass die Schüler von Anfang an lernen, auch im grammatischen Bereich planvoll und selbstständig zu arbeiten.

Variation: Zur Vertiefung eines bereits durchgenommenen Grammatikkapitels erstellt die Klasse einen Hefteintrag.

Beispiel: Participium coniunctum (Ausschnitt)

Participium coniunctum

Mann nennt ein Partizip auch *Participium coniunctum*, wenn es mit einem notwendigen Satzglied verbunden ist.

Das Tempus beim Participium coniunctum verwendeten Partizips zeigt, in welchem *Zeitverhaeltnis* es zum Praedikat steht:

− *Partizip Praesens* = Gleichzeitigkeit

− *Partizip Futur* = Nachzeitigkeit

− *Partizip Perfekt* = Vorzeitigkeit

Die Grammatikbesprechung wird abgeschlossen, indem der entsprechende Sachverhalt durch Beispielsätze oder Formenübungen verdeutlicht wird, die die Schüler in Gruppen- oder Partnerarbeit erstellen.
Folgende Empfehlungen erhalten sie vom Lehrer:

Einführung der Grammatik

1. Lies den Grammatikparagraphen **genau** durch und überlege, was wirklich neu ist und wert, durch einen Eintrag ins Heft festgehalten zu werden.
2. Schreibe auf eine Folie lateinische Beispielsätze, die die grammatische Erscheinung enthalten.
3. Überlege dir, wie du deinen Mitschülern anhand der Beispielsätze diese Erscheinung erklären kannst.
4. Überlege dir kurze Übungssätze, Konjugations- oder Deklinationsübungen, die du zur Absicherung und Vertiefung deinen Mitschülern im Anschluss an deine Grammatikeinführung anbieten kannst.
5. Formuliere die Regel und lass deine Mitschüler Beispiele und Regel ins Heft eintragen.

Vergiss nicht, dass die Arbeit innerhalb der Arbeitsgruppe **sinnvoll** aufzuteilen ist: der eine z. B. schreibt Beispielsätze auf die Folie und überlegt Fragen und Übungen dazu, während der andere sich auf die Erklärung der Regel und deren Ausformulierung vorbereitet.

1.8 Übersetzung

Das Übersetzen ist „der Teil des Lateinunterrichts, der den Schülern die meisten Schwierigkeiten bereitet"[4] und, wie die Praxis zeigt, der Teil, bei dem viele sofort abschalten, sobald der Lehrer einen aus ihrer Mitte aufruft. Eine Lösung dieses Problems ist nur möglich, wenn die Klasse erkennt, dass die Arbeit an der Übersetzung ein Gemeinschaftswerk ist.

„Das Übersetzen lateinischer und griechischer Texte ist ein fachspezifisches Verfahren des altsprachlichen Unterrichts ... Im Unterricht ist das Übersetzen – und darin liegt sein besonderer pädagogischer Wert – in der Regel ein *kooperatives* Handeln. Mehrere Schülerinnen und Schüler leisten ihre Beiträge zur Texterschließung und zur muttersprachlichen Formulierung der Übersetzung. In diesem Sinne ist das Übersetzen ein kooperatives, arbeitsteiliges Handeln an demselben Gegenstand, das dem Zweck dient, ein möglichst gelungenes Werk zu produzieren."[5]

„Das Vollendungsbedürfnis als Motivationsimpuls"[6] empfiehlt sich auch für die Methode LdL. Folgende Arbeitsgänge können von den Schülern bereits im 1. Lernjahr selbstständig geleistet werden: Sacherläuterungen oder Lückentexte, Auskünfte über den Wortschatz und über Grammatikprobleme, Sammeln und Systematisieren von bestimmten sprachlichen Erscheinungen, Erstellen eines Satzbauplans und Vergleich einer deutschen Übersetzung mit dem lateinischen Original.

Während des Übersetzungsvorgangs übernimmt ein Schüler die Koordination. Seine Aufgabe besteht darin, die Schüler aufzurufen und – wenn nötig – die verschiedenen Gruppen, die Teile der Lektion vorbereitet haben mit einzubeziehen.

Beispiel: Organisationsplan zu Roma C I,32

Roma C I,32		
Gruppen Nr.: Aufgaben	Namen	Datum
1. Abfrage: S. 71 f.) Nr. 2	*Stefanie/Katharina*	28. 3.
2. „Alte Vokabeln" von 32 L	*Uli/Bernd*	28. 3.
3. neue Vokabeln 32 W(ortschatz)	*Silvia/Tanja*	28. 3.
4. Grammatikgruppe: bekannte Zeiten in 32 L	*Nicole/Christina*	28. 3.
5. Grammatikgruppe: Plusquamperfekt	*Roland/Cornelius*	28. 3.
6. Sachwissen: Römischer Prozess	*Daniela/Sonja*	28. 3.

Am Beispiel des ersten Satzes von 32 L (*Spei plenus ad forum properaveram*) soll die Kooperation und das Teamwork beim Übersetzungsvorgang aufgezeigt werden. Der Koordinator ruft einen Mitschüler auf. Der Übersetzende erfragt ohne zu zögern unbekannte Wörter oder Grammatikformen bei den verantwortlichen Schülern, eine Nachfrage bei der Lehrkraft ist nicht so selbstverständlich wie bei den Klassenkameraden. Übersetzungsprobleme gibt er an die Klasse weiter, der Lehrer bleibt letzte Instanz.

Der Ausdruck *spei plenus* und die Plusquamperfektform *properaveram* tauchen neu auf. Für *spei plenus* ist die Vokabelgruppe, für *properaveram* die Grammatikgruppe zuständig. Sie hat die neuen Formen des Plusquamperfekts auf Folie vorbereitet und erklärt mit Hilfe der Zeitachse (Vorschlag des Lehrers) die Funktion der neuen Zeitstufe.

Aufgrund der inhaltlichen, sprachlichen und grammatikalischen Vorbereitung bildet die Übersetzung eines Satzes für die aufgerufenen Schüler in der Regel keine Schwierigkeit mehr. Sie wissen, dass sie nicht allein gelassen werden. Darum ist eine der Hauptaufgaben des Lehrers, das Zusammenspiel aller Beteiligten intensiv zu trainieren. Die Erfahrung zeigt, dass diese Vorgehensweise auf Dauer der Übersetzungsvorgang verkürzt, anregender und motivierender macht.

1.9 Lehrende und Lernende in neuen Rollen

Die Methode LdL wünscht sich Lehrer und Schüler, die bereit sind, sich auf neue Interaktionen innerhalb der Lerngemeinschaft einzulassen. Der Lehrer gibt Lernverantwortung für Unterrichtseinheiten an Schüler ab. Das ist für sie ein attraktives Angebot, denn Lernstrukturen werden ihnen nicht auferlegt, sondern interaktiv erarbeitet. Sie können Gewinn bringend für sich und andere ihre fachlichen Kenntnisse und persönlichen Stärken als verantwortliche Handlungsträger einsetzen. Die neue Rollenverteilung erfordert Gewöhnung, Training und persönliche Disziplin. Sie wird belohnt, indem sich alle besser kennen lernen. Das schafft eine Atmosphäre des Vertrauens, die zu einem lebendigeren Arbeitsklima führt.

Verbessert wird das Arbeitsklima auch unter Fachkollegen. Die Verbindung Berlin–Nürnberg und die Zusammenarbeit mit Herrn Schulz entwickelte sich über das Kontaktnetz. Diese Einrichtung begleitet von Anfang an die Kollegen, die sich auf die neue Lerngemeinschaft LdL eingelassen haben.

1.10 Das Kontaktnetz als Fortbildungskonzept

Das Kontaktnetz ermöglicht die Kommunikation zwischen Wissenschaft und Praxis. Aufgrund der Zusammensetzung (15% Hochschulangehörige, 20% Seminarlehrer und 65% Lehrer) entsteht ein kontinuierlicher Informationsfluss zwischen Universität und Schule. Für alle Interessierten bietet das Kontaktnetz vielfache Gelegenheiten des Erfahrungsaustausches. So entwickelte sich daraus eine Forbildungseinrichtung mit zweimonatlichen Kontaktbriefen, regionalen Zusammenkünften und einem jährlichen Bundestreffen. Darüber hinaus ist LdL auch mit einer eigenen LdL-Homepage im Internet zu finden.[7]

2. LdL im Lektüreunterricht der Oberstufe

2.1 Ansätze in den allgemeinen Zielen der gymnasialen Oberstufe

Die gymnasiale Oberstufe ist von ihren allgemeinen didaktischen Zielsetzungen her eine Phase, in der die Einübung selbstständigen methodischen Arbeitens ihren Platz hat. Dies betrifft alle Fächer und damit natürlich auch den altsprachlichen Lernbereich.

So findet man z. B. im Berliner Rahmenplan für das Fach Latein in der Sekundarstufe II (zweite Fremdsprache) unter dem Lernzielbereich „Wissenschaftspropädeutik" folgende, die Fächer übergreifenden Ziele:

● Fähigkeit zu kooperativem Planen und Arbeiten,
● Fähigkeit zum Sammeln und Einordnen von Fakten,
● Fähigkeit zur Analyse komplexer Sachverhalte,
● Entfaltung von Methodenbewusstsein,
● Fähigkeit, Arbeitsergebnisse darzustellen und zu vertreten,
● Fähigkeit zum Transfer erworbener Kenntnisse und Arbeitstechniken.[8]

Dies sind keineswegs nur Ziele für den Leistungskursbereich, dem als Spezifikum die Einführung in philologische Arbeitstechniken vorbehalten bleibt, sondern Anforderungen an jeden Unterricht, auch im Bereich der Grundkurse. Es geht hier nicht um eine fachbezogene Universitätspropädeutik; diese wäre wohl auch angesichts der wenigen Schüler, die nach dem Abitur Latein als Studienfach wählen, kaum sinnvoll zu begründen. Selbst der Begriff „Wissenschaftspropädeutik" erscheint noch sehr hoch angesiedelt, wenn die Schüler und Schülerinnen, wie heute auch an Gymnasien, nach dem Abitur vielfach gar kein Universitätsstudium anstreben, sondern zumindest vorerst eine andere qualifizierte Berufsausbildung. Nichts desto weniger bleiben diese konkreten Ziele für die Sekundarstufe II unverzichtbar. Als eine Einführung und Einübung in das Lernen und Arbeiten nach der Schule, unabhängig davon, in welcher Institution und Phasenabfolge die einzelnen Schulabgänger ihren künftigen Bildungs- und Ausbildungsgang aufbauen. Auf jeden Fall wird von ihnen Lernkompetenz gefordert werden, d. h. sie müssen:

● einerseits ihr eigenes Lernen selbstständig und in Zusammenarbeit mit anderen strukturieren,
● andererseits den Aufbau rezeptiver, vom Lehrenden gesteuerter Lernprozesse durchschauen und für sich fruchtbar machen können.

Diese allgemeinen Ziele müssen nun – so wollen es mit gutem Grund die Rahmenpläne – auch in die Arbeit an den spezifischen Inhalten des Fachs Latein einbezogen werden. Eine große Rolle spielt hier konkret die Einführung in Methoden der Informationsbeschaffung, d. h. den Gebrauch fachspezifischer Hilfsmittel, wie Wörterbücher, Systemgrammatiken, Schülerkommentare und Nachschlagewerke. Dazu gehört aber auch die Fähigkeit, den eigenen Informationsvorsprung den anderen Kursteilnehmern zu vermitteln: Man muss lernen, Ergebnisse zu präsentieren, sie mit anderen zu diskutieren, ihnen helfen können, die Informationen produktiv umzusetzen.[9] Lernen unter diesen Vorzeichen ist ein in hohem Maße kommunikativer Vorgang. Ideal erscheint für ein solches Arbeiten ein Lernen an Projekten. Doch es ist klar, dass die Fachinhalte und Fachziele des Lateinunterrichts eine permanente Auflösung der Lehrgangsprogression in Projekte nicht gestatten, wie ja auch vernünftigerweise Projektunterricht immer in Lehrgangsunterricht eingebettet sein sollte.[10] Es geht also darum, im alltäglichen Fachunterricht möglichst viele Gelegenheiten zu schaffen, an denen selbstständiges Handeln gelernt und geübt werden kann – und das zunehmend unter kommunikativem Blickwinkel: In Formen des gemeinsamen Lernens und Arbeitens und des bewussten Strukturierens von Inhalten und Lernsituationen für andere.

„Lernen durch Lehren" erscheint dafür von seinem Ansatz her als ein geeigneter Weg. Dass diese Idee allmählich Breitenwirkung erreicht, zeigt die Einbeziehung in den neuen Entwurf für den Latein-Rahmenplan Nordrhein-Westfalens: Es steht dort als eine Möglichkeit der Vermittlung von individuellen Lernergebnissen in der Lerngruppe, die über die geläufige Form des Schülerreferats hinausgeht.[11] „Lernen durch Lehren" wird nie der einzige methodische Weg sein, zumal diese Methode ja auch bereits eine Synthese unterschiedlicher Arbeitsweisen beinhaltet, wie die Zusammenarbeit mit Partnern oder Kleingruppen, die auch ohne die Ausrichtung auf „LdL" bestehen können, aber andererseits vorausgesetzt werden müssen, wenn ein erfolgreiches Arbeiten mit „LdL" möglich werden soll.

Was ich hier vorstellen möchte, ist sicherlich gegenüber groß angelegten Unterrichtsprojekten völlig unspektakulär. Es sind Beispiele aus dem 11. Jahrgang und der Kursphase eines normalen Berliner Gymnasiums mit Latein als zweiter oder dritter Fremdsprache. LdL-Verfahren habe ich zunächst nur sporadisch eingesetzt, sie waren den Schülern, die ich in der 11. Klasse unterrichtete, der in Berlin sogenannten „Einführungsphase" in die gymnasiale Oberstufe, auch aus der Mittelstufe nicht bekannt. Mein methodischer Arbeitsschwerpunkt lag auch zunächst darin, in der neu zusammengesetzten, sehr heterogenen Lerngruppe sinnvolle Kleingruppen zusammenzustellen und die Arbeit in der Kleingruppe allmählich einzuüben, denn für LdL ist die Zusammenarbeit mit einzelnen Partnern oder kleinen Gruppen in der Regel eine wesentliche Voraussetzung.

2.2 Einsatz bei der Grammatikwiederholung

Der Umgang mit für das Fach typischen Hilfsmitteln ist, wie schon gesagt, eines der Lernziele, in dem Vorstellungen von einer allgemeinen Propädeutik des nachschulischen Lernens und Arbeitens sich konkretisieren. Ein solches Hilfsmittel ist die systematische Grammatik. Damit sind hier nicht wissenschaftliche Grammatiken gemeint, sondern Systemgrammatiken, wie sie von den Schulbuchverlagen angeboten werden und für den Gebrauch von Schülern geschrieben wurden. Nun steht nach dem Berliner Rahmenplan im 11. Jahrgang für Latein als zweite Fremdsprache die systematische Wiederholung der Grammatik auf dem Programm. Was hier über den 11. Jahrgang gesagt wird, kann man natürlich auch bereits früher angehen, immer dann, wenn der Sprachlehrgang beendet ist und die Grammatik als Hilfsmittel der Lektüre eine neue Qualität erhält, oder später, wenn sich grammatische Wiederholungen während der Kurslektüre als notwendig erweisen.

Es zeigt sich immer wieder, dass ein selbstständiges Arbeiten mit einer systematischen Schulgrammatik den Schülerinnen und Schülern, wenn sie dies noch nicht gewohnt sind, recht schwer fällt. Auf der anderen Seite nützt es wenig, die Grammatik noch einmal lehrerzentriert zu wiederholen: Die Schüler sollen ja lernen von nun an ihre Fragen mit Hilfe der Grammatik selbst zu lösen. Gerade an diesem Einschnitt erschien mir die Delegierung von Lehrerfunktionen an die Lernenden ein einleuchtender Schritt zu sein. Wer anderen ein grammatisches Phänomen erklären soll, muss zunächst einmal die Informationen seiner Grammatik selbst verstehen und sie in einer für die anderen verständlichen Weise reduzieren.

a) Formenlehre

Dies ist das eine Ziel: Einübung im Lesen einer Grammatik. Auf der anderen Seite soll das grammatische Phänomen – zum Beispiel **unterschiedliche Pronomina** – noch einmal geübt werden. Dazu sind passende Übungen auszuwählen und natürlich erst einmal selbst zu lösen, um die anderen dann sinnvoll beraten und ihre Ergebnisse überprüfen zu können. Unabdingbar für ein derartiges Arbeiten sind eine langfristige, den Schülern bekannte Planung und genaue Arbeitsanweisungen. Besonders dann, wenn eine LdL-Unterrichtssequenz mit einem bestimmten Arbeitsverfahren zum ersten Mal durchgeführt wird, empfiehlt sich die Ausgabe eines schriftlichen Arbeitsplanes:

Basiskurs Latein

Wiederholung der PRONOMINA

(Methode: „Lernen durch Lehren")

Gruppeneinteilung

1. hic, ille, iste (Grammatik: § 29/30/31; Ostia: L. 27)
2. ipse, idem (Grammatik: § 28 und 33; Ostia: L. 29 und 30)
3. Frage- und Relativpronomen (Grammatik: § 34 und 35; Ostia: L. 12)
4. Indefinitpronomen (Grammatik: § 36; Ostia: L. 23 und 32)

Hinweise für die Arbeit der Gruppen

Oberster Grundsatz:
Die Sache so gut selbst verstehen, dass man/frau in der Lage ist, sie den anderen Gruppen zu erklären.

Im Einzelnen heißt das:
- sich über *eigene Schwierigkeiten* klarwerden,
- überlegen, wie man Probleme *verdeutlichen* und *erklären* kann,
- *optische Mittel* einsetzen (Tabellen, Folien, Zeichnungen),
- *Übungen* auswählen und sicher leiten können.

Aufgaben der Gruppen

1. Die *Grammatikparagraphen* genau lesen, Verständnisprobleme klären und die wesentlichen Dinge für ein *Arbeitsblatt auswählen*. Eventuell muss zum besseren Verständnis *umformuliert* werden!
2. Die *Übungen* in den entsprechenden Lektionen von *„Ostia"* durchsehen. Verstehen, *was mit der einzelnen Übung geübt werden soll.* Einige Übungen *auswählen* (sowohl zur Formenlehre als auch zur *Übersetzung*). Eventuell andere Übungen entwickeln. Die Übungen *selbst genau durchführen*, Verständnisfragen klären, ein *Lösungsblatt* erstellen und vom Lehrer *kontrollieren lassen*.
3. Ein *Arbeitsblatt* und eine *Folie* erstellen. Mit dem Lehrer Rücksprache nehmen.
4. Die *Aufgaben* bei der *Präsentation* und Übung *verteilen*. (Zwei aus der Gruppe stellen das Pronomen vor und erklären/erarbeiten es mit der gesamten Gruppe, zwei erklären die Übungen, alle stehen für die anderen Gruppen als Berater bei den Übungen zur Verfügung).
5. Die eigene *Fitness* vor der Präsentation *überprüfen* und dann los!

Wichtig ist auch die Modellfunktion des Lehrers: Was er von den Schülern erwartet, sollte er selbst an einem gut vorbereiteten Beispiel im Unterricht vorführen: Den Aufbau der Wiederholungsstunden, die Gestaltung von Materialien, die Beratung der Lernenden.

b) Syntax

Man darf an die ersten Unterrichtsstunden in der neuen Form noch keine zu hohen Ansprüche stellen. Die Schüler müssen sich in die neuen Rollen erst einfinden, die erstellten Materialien halten sich meist eng an die vorgegebenen. In einem anderen Fall war der Mut zu eigenen Experimenten bei den Übungsbeispielen schon größer. Hier waren syntaktische Phänomene zu wiederholen. Es wurde jeweils von einem oder zwei Schülern die Wiederholung vorbereitet, die anderen hatten zu dieser Stunde den entsprechenden Abschnitt in ihrer Grammatik gründlich durchzuarbeiten. Ausserdem sollten die „Lehrer" den parallel gelesenen Cicero-Text noch einmal nach Beispielen für ihr Phänomen durchsuchen und diese noch einmal mit den anderen wiederholen. Deutlich wird an den Korrekturen in dieser Folie aber auch, dass der ausgebildete Lehrer keineswegs überflüssig wird: Trotz aller vorausgehenden Beratung bei der Abfassung der lateinischen Beispielsätze gab es z.B. ein Missverständnis (offensichtlich ein Lesefehler) der Schülerin bei der Bedeutung von *impiger*, das ad hoc im Unterricht geklärt werden musste.

Die Arbeitsform „Lernen durch Lehren" war für die Schüler, mit denen ich gearbeitet habe, noch völlig ungewohnt, aber sie haben sie angenommen und sich auch ganz allmählich auf die veränderte Rolle eingestellt. Wenn andere mit dieser Unterrichtsform schon vertraut sind, ist diese Art der Grammatik-Wiederholung natürlich für sie nur eine Fortsetzung des Sprachunterrichts der Mittelstufe.

KONDITIONALSÄTZE
- Bedingungssätze -

1) _Realis_
Sententiae exercitandae,
quae e vita capiuntur:
Übungssätze, die aus dem Leben gegriffen sind:

2) _IRREALIS d. Gegenwart_
Si nunc sonaret, valde gauderem!
Tip: sonare ≙ klingeln
Wenn es jetzt klingeln würde,
würde ich mich sehr freuen.

3) _IRREALIS (Mixtus)_
NISI LINGUAM LATINAM ELEGISSEMUS,
HIC NON IMPIGRI SEDEREMUS!!
Tip: eligere ≙ wählen ; impiger ≙ ra(s)tlos /(hilflos)   (2)
Wenn wir die Sprache Latein nicht gewählt hätten,
säßen wir jetzt nicht so ra(s)tlos hier.

4) _IRREALIS d. Gegenwart_
SED NISI IN SCHOLAM IREMUS,
(multo) IAM STULTIORES MANEREMUS!!!
Tip: manēre ≙ bleiben ; stultiores → KOMPARATIV!;
Aber wenn wir nicht in die Schule gehen würden,
blieben wir noch dümmer.

2.3 Materialien zum Weiterarbeiten als Produkt von Kleingruppenarbeit

Für den kommunikativen Aspekt des Lernens ist mir, wie schon angedeutet, Kleingruppenarbeit sehr wichtig. Das „Neue" an LdL war hier für mich die stärkere Aufmerksamkeit auf die Weitergabe der Gruppenergebnisse, ihre Präsentation oder darüber hinaus gehend ihre Formulierung als Arbeitsanregung für die anderen Schüler. Das folgende Beispiel entstammt der Sallust-Lektüre: Die Kapitel wurden arbeitsteilig übersetzt. Jede Gruppe hatte intensiv ein Kapitel zu bearbeiten (mit Schülerkommentar, Wörterbuch und – nach Abschluss der Arbeitsübersetzung – einer gedruckten deutschen Übersetzung zur Ergebniskontrolle). Um den anderen auch einen Überblick über das Kapitel zu geben, ohne den lateinischen Text dabei vollkommen aus dem Blick zu verlieren, sollten die Gruppen eine kleine Cartoon- oder Comicfassung erstellen und darin wesentliche lateinische Textfragmente einarbeiten. Die anderen sollten den Inhalt nachvollziehen und die lateinischen Textbruchstücke möglichst ohne zeitraubenden Wörterbuchgebrauch verstehen können.

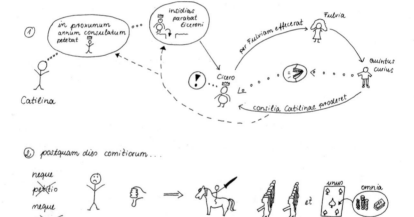

Nun muss man für einen derartigen Gruppenarbeits-Auftrag sicherlich nicht unbedingt ein geschlossenes Konzept unter dem Namen „Lernen durch Lehren" als Grundlage heranziehen. Es handelt sich bei diesem Beispiel um nicht mehr und nicht weniger als um einen einzelnen methodischen Baustein. Dessen Unterscheidungsmerkmal von anderen Gruppenarbeitsformen besteht im Wesentlichen darin, dass das Handlungsziel vor allem die Nicht-Mitglieder der eigenen Gruppe im Auge hat, denen ein geeignetes Material zum Weiterarbeiten präsentiert werden soll. Natürlich ist es – wenn die grundlegenden Arbeitsformen einigermaßen geübt sind – auch möglich, in größeren Unterrichtssequenzen bzw. Kursen über weite Strecken die führende Rolle im Unterricht teilweise an die Lernenden zu übergeben.

2.4 Vorherrschendes methodisches Prinzip in einem Grundkurs

In dem Programm des nun vorgestellten Grundkurses wurden methodische Elemente des LdL-Konzeptes in unterschiedlicher Weise umgesetzt.[12] Gegenstand der Lektüre waren philosophische Texte Ciceros mit dem Schwerpunkt „stoische Ethik und Rechtsphilosophie". Es handelte sich um eine von ihren Voraussetzungen her sehr gemischte Lerngruppe, die Schüler hatten mit Latein teils als zweiter, teils als dritter Fremdsprache begonnen.

In einem *ersten Abschnitt* des Kurses wurde eine *längere Passage aus „De officiis"* gelesen: Dafür wurde ein Arbeitsplan erstellt.

Grundkurs Latein: Cicero, De officiis

Lektüreplan (August bis Oktober 1997)

I, 11: Mensch und Tier (H. Schulz)
I, 12: Die Vernunft als Grundlage der menschlichen Gemeinschaft (H. Schulz)
I, 13: Formen der Tätigkeit der Vernunft I
I, 14: Formen der Tätigkeit der Vernunft II
I, 15: Das „honestum" und seine vier Erscheinungsformen
I, 16, 17: Die vier Kardinaltugenden (gemeinsam)
I, 20: Die Gerechtigkeit
I, 21: Gemeineigentum und Privateigentum
I, 22: Gemeinsamer Nutzen

Aufgaben der Vorbereitungsgruppen:

1. Zu Hause

Text übersetzen, dabei:

– optisch gliedern, z. B. im „Einrückverfahren"
– Vokabeln klären
– schwierige Stellen genau analysieren
  (Welche Konstruktion liegt vor? Welche grammatischen Probleme zeigen sich?)
– ein vorläufiges Arbeitsblatt und eine Arbeitsübersetzung erstellen
– sich die Textinhalte genau klar machen

---

2. Eine Woche vor dem „Ernstfall"

– bisherige Arbeitsergebnisse mit dem Lehrer besprechen
– eine Übersetzung als Hilfsmittel für die weitere Arbeit abholen

3. In der Doppelstunde

Zu Beginn der Stunde:
– Arbeitsblatt vorlegen
– mit Hilfe einer Folie Schwierigkeiten im Voraus klären (Konstruktionen erläutern und hervorheben, Hyperbata markieren u. Ä.)

Während der Übersetzungsarbeit:
– die anderen Gruppen beraten und Ergebnisse überprüfen

Am Schluss der Doppelstunde (notfalls auch in der folgenden Einzelstunde):
– wenn nötig, Ergebnisse der Übersetzung vortragen lassen und korrigieren
– Inhalte des Textes zusammenfassen lassen, wenn nötig ergänzen und korrigieren

In dieser oder der folgenden Stunde: Thesen des Textes mit den anderen diskutieren

Die für den Kurs grundlegenden Texte sollten in dieser Anfangsphase von allen Schülern aus dem originalen Cicero-Text übersetzt werden, allerdings sollte durch eine sprachliche Vorentlastung ein einigermaßen zügiges Tempo gewährleistet bleiben und genug Zeit für inhaltliche Diskussionen sein. Aufgabe der Schülerinnen und Schüler war es, zu zweit jeweils ein Kapitel für die Gesamtgruppe vorzubereiten. Das erwartete Arbeitsprodukt war eine gegliederte Textfassung mit Vokabelangaben. Syntaktische Schwierigkeiten oder besondere Übersetzungsprobleme sollten im Voraus geklärt werden. Die „Lehrer-Schüler" sollten danach die anderen bei ihrer Übersetzung in Kleingruppen beraten und die Ergebnisse überprüfen. Hilfsmittel waren Schülerkommentar, Lexikon und ggf. Grammatik, sowie – nach der Fertigstellung einer eigenen Arbeitsübersetzung und der Klärung einzelner Schwierigkeiten im Gespräch mit mir – eine gedruckte Übersetzung. Ausserdem sollten die Vorbereitungsgruppen darauf achten, dass das inhaltliche Verständnis der Texte gewährleistet war.

Es scheint hier fast so, als hätte der Lehrer – nach der Gesamtkonzeption der Unterrichtssequenz – den gesamten Unterricht aus der Hand gegeben. Doch blieb genug zu tun. Zum einen habe ich, wie aus dem Arbeitsplan zu ersehen ist, die ersten Stunden dieser Phase exemplarisch selbst durchgeführt, also eine Vorbildfunktion übernommen. Meine zweite Rolle war die des Beraters der Vorbereitungsgruppe, um grobe sachliche Fehler bei der Durchführung zu vermeiden. Drittens war während der Durchführung der Stunden zu den einzelnen Kapiteln höchste Aufmerksamkeit geboten um, wenn es nötig war, beratend oder korrigierend eingreifen zu können, eine Aufgabe, die viel Geduld und situatives Taktgefühl erfordert, um nicht durch zu schnelles Eingreifen das gesamte Konzept, das ja auf der Delegierung von Verantwortung beruht, wieder in Frage zu stellen. Insgesamt war dieser Unterrichtsabschnitt recht erfolgreich. Teils haben sich die Vorbereitungsgruppen stark an meinem Modell orientiert, teils haben sie eigene Vorstellungen verwirklicht. Bei der Gesprächsführung mit der Großgruppe traten einige pädagogische Talente zum Vorschein, andere hatten hier durchaus noch Schwierigkeiten. Gerade für solche Schülerinnen und Schüler erscheint mir jedoch eine solche vom Klima her angenehme und angstfreie Unterrichtssituation ein notwendiges Übungsfeld für ein selbstbewusstes und auf das Gegenüber bezogenes Auftreten. Bei den Interpretationsgesprächen hatte ich mich darauf gefasst gemacht, wohl selbst häufig die Leitung übernehmen zu müssen. Hier war ich über die Selbstständigkeit und das Geschick der leitenden Schüler überrascht. Es war offensichtlich ein guter Hinweis, als Impuls für Gespräche über den Inhalt der gelesenen Passagen die eigenen Fragen an den Text zu formulieren, also mit echten Fragen ins Gespräch einzusteigen, statt sich Ketten von entwickelnden „Lehrerfragen" zu überlegen. Andererseits war in den inhaltsbezogenen Phasen auch meine Rolle als Lehrer im klassischen Sinne sehr wichtig, wenn sich unauflösbare Schwierigkeiten im Gespräch zeigten oder zusätzliche Informationen nachgefragt wurden. Plötzlich hatte der „Lehrervortrag" wieder seinen Platz, und zwar dann, wenn er von den Schülern selbst verlangt wurde. Eigene fachliche Sicherheit und gute Vorbereitung auf die Themen der Stunden sind dafür natürlich unerlässlich.

Die *Arbeit am Originaltext* habe ich in den *folgenden Abschnitten des Kurses* dann allerdings vielfach als *Einzelarbeit* organisiert. Jeder sollte sich über seine eigenen Stärken und Schwächen im Klaren sein, schließlich stand ja für einige auch das Abitur in Latein vor der Tür. Das hieß in den Doppelstunden Übersetzung in Klausursituation und in den Einzelstunden Besprechung und Korrektur der Ergebnisse. Auch diesem Bereich ließen sich jedoch Tätigkeiten delegieren: Nach einer Besprechung korrigierten die Schüler gegenseitig ihre Arbeiten oder versuchten eine Fehleranalyse an den von mir bereits gekennzeichneten, aber noch nicht mit entsprechenden Korrekturzeichen versehenen Stellen. Oder sie bekamen eine deutsche Fassung mit nach Hause, um ihre eigene Übersetzung damit vergleichen zu können. Die Probleme wurden dann beim nächsten Mal besprochen, denn mit einer gedruckten Übersetzung sinnvoll als Hilfsmittel umzugehen, ist bekanntermaßen nicht so einfach.

Parallel dazu wurde *inhaltlich* weitergearbeitet, nicht nur indem die übersetzten Texte diskutiert wurden, sondern auch indem wir durch zusätzliche *Sachtexte* die Informationen der übersetzten Passagen in einen Zusammenhang zu stellen versuchten. Es ging um eine Systematisierung der stoischen Logoslehre und um deren Konfrontation mit dem Denken Epikurs. Das allgemeine arbeitsmethodische Lernziel war hier die Fähigkeit zur Visualisierung der eigenen Ergebnisse als Hilfsmittel der Klärung eigener Vorstellungen und als Grundlage für den Austausch mit anderen. Eine *Klärung der eigenen „Einstiegsvorstellungen"* erscheint mir bei für meine Schüler so ungewohnten Gedanken wie denen der stoischen Logosphilosophie dringend geboten, will man hier zu einem tieferen Verständnis durchdringen und nicht nur unverstandene Begriffe lernen lassen. Die sprachlichen Symbole der Texte rufen bestimmte tief verankerte Alltagsvorstellungen hervor, die erst einmal bewusst werden müssen, will man zu ihrer abstrakteren Bedeutung im philosophischen System vordringen. Deshalb habe ich es riskiert, die Schüler in kleinen Gruppen ihre Vorstellungen erst einmal bildlich umsetzen zu lassen, um dann darüber ins Gespräch zu kommen (Abbildung unten). Die Trivialität solcher Bilder erscheint dem Abstraktionsniveau des Gegenstandes eigentlich nicht angemessen, ist aber ein wesentlicher Schritt zum wirklichen „Begreifen". Kennzeichnend für alle Schüler und ein großes Verständnis-Problem war überall die anthropomorphe Gottesvorstellung. Gerade die Schwierigkeit, den stoischen Gottesbegriff so zu visualisieren, führte zu einer Problematisierung dieses seit der Kindheit tief eingeprägten und mangels Religionsunterrichtes in der Oberstufe auch nicht weiterentwickelten religiösen Vorstellungsmusters. Dieses Verfahren ist natürlich nicht „Lernen durch Lehren" im strengen Sinne einer wirklichen Übernahme der Lehrerrolle durch die Lernenden, sondern die Einübung in eine Möglichkeit, den anderen eigene Gedanken zu präsentieren, um voneinander zu lernen. Der Lehrer behält eine wichtige Funktion in der Steuerung des Auswertungsgesprächs beim Vergleich der Visualisierungsversuche.

Im weiteren Voranschreiten der Kursarbeit, spätestens vor der Klausur, wird eine systematische Zusammenfassung der bisherigen Lernergebnisse notwendig. Sie erfolgte in diesem Kurs in der Form von *Mind-maps*. „Mind-mapping" ist eine spezielle Darstellungsform zur Sammlung und Systematisierung von Einzelaspekten eines Themas. Sie ist zur Visualisierung eines Brainstormings ebenso geeignet wie zur Zusammenfassung am Ende einer Arbeitsphase. Neu hinzukommende Informationen und Aspekte lassen sich in eine vorhandene Mind-map einbeziehen. Wir haben zunächst eine Mind-map gemeinsam entwickelt und bei der Lektüre eines Sachtextes zu Epikur die wesentlichen Punkte darin eingetragen. Nach dieser Vorübung wurde die Mind-map zum Medium der Zusammenfassung der Informationen über die stoische Logoslehre, die bisher noch in unterschiedlichen Originaltexten, deutschen Sachtexten und ihren Zusammenfassungen aus vorausgegangenen Unterrichtsstunden vorlagen. Drei Gruppen erstellten je eine Mind-map zum selben Thema. Die Ergebnisse wurden verglichen und Wesentliches, was man bei anderen gesehen, aber selbst nicht beachtet hatte, in die eigenen Mind-maps aufgenommen. Die Abbildung unten zeigt eine dieser noch durchaus ergänzungsfähigen Schüler-Mind-maps.

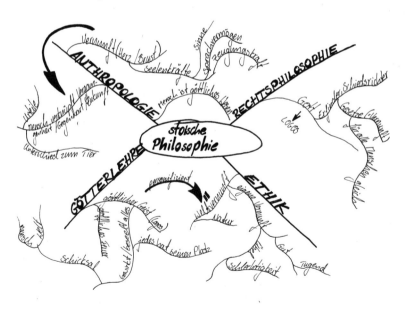

Ich habe einen Kurs vorgestellt, in dem – trotz der beständigen Präsenz des Lehrers und seiner direkten oder indirekten Steuerung des Geschehens im Unterricht – die Schüler eine Menge Gelegenheit hatten, selbst aktiv zu werden und von- und miteinander zu lernen. Sie haben diese Gelegenheiten bereitwillig und engagiert wahrgenommen. Betrachtet man den Kurs von der Seite der anfangs genannten allgemeinen Lernziele des Oberstufenunterrichts, der allgemeinen Lern- und Arbeitspropädeutik, hat er sicher viel erreicht. Zu fragen ist natürlich auch nach der Bewertung der Leistung der einzelnen Schüler und nach dem fachbezogenen Erfolg. Jean-Pol Martin, der Initiator des Konzepts „Lernen durch Lehren" schlägt vor, die von den Schülern durchgeführten Phasen von der Belastung durch ständige Benotung freizuhalten und statt dessen „Bewertungsinseln" zu schaffen, an denen die erworbenen Kenntnisse überprüft und bewertet werden.[13] Das betrifft die fachbezogene Seite. Andererseits kann man natürlich auch Kriterien für das allgemeine Arbeitsverhalten anlegen, das Engagement bei kooperativem Arbeiten, die Qualität von Produkten usw.[14] Man kann durch Beobachtung während der durch Schüler geleiteten Arbeitsphasen sehr viel Aufschluss über fachspezifische Qualitäten wie Übersetzungsfähigkeit oder Interpretationsvermögen gewinnen. Dies alles ist natürlich nicht so gut objektivierbar wie eine schriftliche Überprüfung in der Klausur. Doch die individualisierte Leistung in der Klausur ist nur die eine, der Anteil an der kooperativen Problemlösung die andere Seite. Ich habe mich für die Bewertung der mündlichen Leistungen ganz auf das Beobachten im Hintergrund beschränkt. Das bedeutet keineswegs, dass ich nicht beständig mit der Korrektur falscher Arbeitsschritte oder Ergebnisse beschäftigt gewesen wäre. Aber Fehler gehören zum Wesen des Arbeits- und Lernprozesses, aus Fehlern lernt man, sie sind in einem Problemlösungsprozess produktiv und keineswegs nur ein Maßstab für eine negativ zu bewertende Leistung.

Es sind also andere Leistungen, die in einem gemeinsamen, auf ein Handlungsziel gerichteten Arbeitsprozess erbracht werden, als in einer Klausur, in der individuelles Wissen und Können getestet wird. Ein Arbeitsergebnis, das gemeinsam unter großen Schwierigkeiten und Einbeziehung aller zur Verfügung stehenden Hilfsmittel erreicht werden kann, ist noch längst nicht von jedem einzeln mit ein paar Vokabelangaben und einem Wörterbuch in einer Klausur zu erwarten. Doch geht es hier eben nicht in erster Linie darum, durch LdL bessere Lateinergebnisse im Abitur zu erzielen – dies kann allenfalls ein Nebeneffekt sein –, sondern darum, die für das spätere Bildungsleben unserer Schüler so entscheidenden Fähigkeiten selbstständigen Arbeitens – wenn man will zentrale „Schlüsselqualifikationen" – im altsprachlichen Unterricht zu erwerben. Und es geht darum, zu beweisen, dass es möglich ist, lateinische Texte auf höchstem sprachlichen und inhaltlichen Niveau so zwar mühselig, aber mit Selbstvertrauen und Engagement kooperativ zu erarbeiten.

Anmerkungen

[1] Vorschlag eines anthropologisch begründeten Curriculums für den Fremdsprachenunterricht, Tübingen, 1994, 69.

[2] Lehrplan für das bayerische Gymnasium, München, 1990, 135.

[3] MARTIN, a. O. 69.

[4] GLÜCKLICH, H.-J.: Lateinunterricht. Didaktik und Methodik. Göttingen, 1978, 57.

[5] NICKEL, R.: Durch Handeln aus der Krise. In: AU 1994/3+4, 9.

[6] NICKEL, a. O. 9.

[7] Adresse: PD Dr. Jean-Pol Martin, Universität Eichstätt
             Fax Uni: 08 42/93 17 97
             Tel. Uni: 08 42/93 15 36
             LdL-Homepage: http://www.ku-eichstaett.de/docs/SLF/LdL

[8] Vorläufiger Rahmenplan für Unterricht und Erziehung in der Berliner Schule. Gymnasiale Oberstufe. Fach Latein. Hrsg. von der Senatsverwaltung für Schule, Berufsbildung und Sport. Berlin 1994, 49.

[9] Vgl. dazu den Lehrplanentwurf für Latein in der gymnasialen Oberstufe, hrsg. vom Landesinstitut für Schule und Weiterbildung des Landes Nordrhein-Westfalen (Stand 1. 11. 1997) 11 f.

[10] Zur Verknüpfung von Projektunterricht und Lehrgangsunterricht vgl. H. Gudjons: Handlungsorientiert lehren und lernen. 5. Aufl. Bad Heilbrunn (Klinkhard) 1997.

[11] a. O. 12.

[12] Ein anderer Erfahrungsbericht über LdL im Lektüreunterricht, in diesem Fall geht es um Ovid, wurde von Claudia Feyerherm in „Latein und Griechisch in Berlin und Brandenburg", Heft 4/1995, 159–171 vorgestellt („Lernen durch Lehren. Erfahrungen mit schülergeleitetem Unterricht in der Lektürephase"). Der Beitrag kann auch im Internet über die LdL-Homepage bei der Katholischen Universität Eichstätt abgerufen werden.

[13] MARTIN, J.-P.: Didaktische Briefe Französisch. In: R. Graef/R.-D. Preller (Hrsg.): Lernen durch Lehren. Rimbach (Verlag im Wald) 1994, 2 f.

[14] Vgl. BENDLER, A.: Leistungsbeurteilung in offenen Unterrichtsformen. In: Pädagogik 3/95; 10–13.

Gerhard Fink

Grammatik sehen – Grammatik verstehen

Formen der Verdichtung, Visualisierung und Operationalisierung

1. Im Labyrinth

Lateinische Grammatiken klassischen Typs boten den Stoff ausschließlich verbal in Form von Tabellen, Beispielsätzen und Regeln; der Anspruch an die Abstraktionsfähigkeit der Schüler war dementsprechend hoch, die Darstellung oft unökonomisch breit, die Vermittlung geschah nicht selten nach der Devise: *Aut disce aut discede.*

Ein kurzer Blick in ein so geartetes Buch bewies jedem Außenstehenden: Lateinlernen ist kein Zuckerlecken.

Als Beispiel diene eine willkürlich aus der Grammatik, mit der ich selbst Latein gelernt habe, ausgewählte Seite.[1] Sie ist gewiss nicht lerngünstig angelegt – das Wort Layout war vor fünfzig Jahren noch ziemlich unbekannt –, sie stopft eine Menge Information, die lediglich für die stilrichtige Hinübersetzung von Wichtigkeit ist, in klein gedruckte Anmerkungen, sie vertraut darauf, dass die Lernenden durch Häufung von Fachtermini nicht abgeschreckt werden – aber sie ist, das muss man zu ihrer Ehre sagen, bei der Einführung wichtiger Phänomene wie z. B. des Abl. abs. nicht gerade geschwätzig und vertraut eher auf das lateinische Beispiel als auf die deutsche Explikation.

Auf diesem Gebiet haben „neuere" Grammatiken schwer gesündigt und Erscheinungen wie z. B. die -nd-Formen bis zur Unkenntlichkeit zerredet.

Auch die Paradigmata in dieser alten Grammatik hatten einen Vorzug gegenüber mancher späteren: Sie verrieten, was die einzelnen Formen auf Deutsch bedeuten. Von diesem guten, schülerfreundlichen Brauch kam man im Lauf der Zeit ganz oder teilweise ab, als ob es ausreichte, *miles, militis* usw. auf Lateinisch herunterrasseln zu können.

Auch in einem weiteren Punkt war meine alte Grammatik recht „modern": Sie suchte Zahl und Umfang der Paradigmata zu begrenzen, indem sie ziemlich oft mit „usw." darauf hinwies, dass das neu Vorgestellte vertrauten Mustern folge. Für das Pronomen *quidam* reichten ihr zwei Zeilen; anderswo braucht man zwei Kästen dafür – und noch drei Zeilen Anmerkungen.

Natürlich lassen sich auch für die beiden Kästen Argumente ins Feld führen: sie dienen, kann man sagen, der immanenten Wiederholung; doch wie man's dreht und wendet: Sie tragen auch – mit vielem anderen, was sich durchaus kürzen ließe, – dazu bei, den Lernstoff aufzublähen und Fülle vorzutäuschen, die abschreckt.

Dabei handeln die Grammatikmacher bisweilen erkennbar wider besseres Wissen: Wenn sie schon sagen, dass die Konjugationsklassen im Perfektbereich keine Rolle spielen, warum müssen sie dann trotzdem die Verben ins Ghetto der Konjugationsklassen sperren, so dass eine öde, lernungünstige Bleiwüste entsteht? Da ist kein Ruhepunkt für das Auge, wenn der Blick nicht gerade auf typische Schwachstellen fällt wie „ich möge gelobt haben" oder auf *laudatum ero* „ich (Neutrum) werde gelobt worden sein".

Denn so wünschenswert das Angeben von Bedeutungen ist – es muss dort seine Grenze haben, wo es keine Entsprechungen gibt.

Desgleichen sollte ein Paradigma keine Formen bringen, die bei näherer Betrachtung eigentlich nicht sagbar sind.

Die gleichen Schwächen hatte allerdings auch meine vorhin gelobte alte Grammatik, genau wie ihre Vorgänger, soweit ich's zurückverfolgen kann. Das ist arg, doch schlimmer ist's, dass sich die gleichen Schwächen zäh über die Jahrzehnte und da und dort bis auf den heutigen Tag gehalten haben.

Wer beispielsweise beim Gerundium zum Genitiv *cantandi* als deutsche Bedeutung „des Singens" setzt, bringt den Schülern etwas bei, was höchstens für schein-korrekte, in Wirklichkeit aber undeutsche Brückenübersetzungen taugt und den rechten Umgang mit dem an sich problemlosen Gerundium unnötig erschwert.

Zugleich widerlegt er nachdrücklich, was für einen recht betriebenen Lateinunterricht als gutes Argument ins Feld geführt werden kann, dass er nämlich die muttersprachlichen Fähigkeiten fördere. Was früher unbesehen geglaubt wurde, wird heute kritisch hinterfragt, und darum darf sich der LU keine Schwachstellen leisten. Er muss vielmehr bei der Werbung um seine Adepten darauf achten, dass er nicht verspricht, was er nicht halten kann, und in der täglichen Unterrichtspraxis nachweisen, dass er das hinter sich gelassen hat, was ihm seinen schlechten Ruf eintrug.

2. Neue Wege

Das reichhaltige methodische Instrumentarium, das dem LU in den letzten fünfundzwanzig Jahren zugewachsen ist, kann seinem *image* ebenso aufhelfen wie neue, attraktive Lehrbücher.

Auch die Grammatiken versuchen sich nunmehr auf den „neuen" Schüler einzustellen, indem sie z. B.
- Farbe zur Differenzierung und Hervorhebung einsetzen,
- den Bauplan lateinischer Sätze modellhaft erfassen[2],
- Wichtiges mit graphischen Mitteln (z. B. Dreieck, Kreis, Sechseck u. a.) „augenfällig" machen[2] (womit man zugleich zeigen kann, wie bescheiden der im

Lauf einer Stunde durchgenommene Stoff (S) war, im Vergleich zu seiner Benennung mit Fachbegriffen (F):

F: Wir haben heute die erste und zweite Person Singular des Indikativ Präsens Aktiv kennen gelernt.

S: ⎛ -o ich ⎞
    ⎝ -s du ⎠).

Da und dort wird auch bereits der zaghafte Versuch unternommen
– Abbildungen als Merk- und Verstehenshilfen zu bringen,
z. B. ein 'Kameeeel' für das a-/e-Futur[3] oder ein 'Mischwesen' zur Charakterisierung der Partizipien[4].

Fortschritte sind also gemacht, und trotzdem blieben sich die Grammatiken im Großen und Ganzen gleich: die verbale Deskription dominiert weiterhin, das Anspruchsniveau ist immer noch hoch und die Vermutung liegt nahe, dass das „neue" Latein eine Achillesferse hat: Die im Kern doch „alte" Grammatik.

Längst vorbei sind ja die Zeiten, in denen ein stark grammatikalisch ausgerichteter Deutschunterricht die künftigen Lateiner auf das, was ihnen bevorstand, vorbereitete – doch selbst damals dürfte es den Kindern nicht leicht gefallen sein mit einem rein lateinischen Paradigma – z. B. von *quicumque* – klarzukommen.

Pauken kann man es natürlich, doch ob man danach *cuiuscumque* auch richtig übersetzen kann, steht in den Sternen. Weil das so ist, kommt dem Nebeneinander von Latein und Deutsch, dem durch entsprechende Hervorhebung gelenkten Vergleich, heute eine enorme Bedeutung zu.

Beispiel (a):

Murus	aedificatus	est.	Eine Mauer wurde	
Templa	aedificata	sunt.	Tempel wurden	⎫ erbaut.
Arces	aedificatae	sunt.	Burgen wurden	⎭

Beispiel (b):

Weit mehr Tempora als i. D. sind ohne Zusammensetzung mit Hilfe von Tempus- und Personzeichen gebildet, z. B. das Futur Passiv:

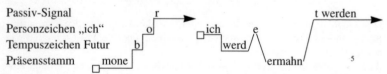

Passiv-Signal   r   t werden
Personzeichen „ich"   o   ich   e
Tempuszeichen Futur   b   werd
Präsensstamm   mone   ermahn   5

Die graphischen Mittel, die man dabei einsetzt, können unterschiedlicher Art sein; auf jeden Fall müssen sie den Blick auf die so wichtigen Endungen lenken. Das ist besonders nötig bei Schülern, die bereits Englischunterricht gehabt und sich daran gewöhnt haben, Wörter ohne lange Reflexion zu erfassen.

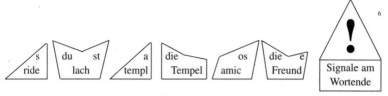

Da eine beträchtliche Anzahl der lateinischen Endungen mehrdeutig ist, sollte möglichst instruktiv gezeigt werden, wie solche Mehrdeutigkeit im Kontext eingegrenzt wird, z. B. anhand des folgenden Foliensatzes (Overlay: Folie 2 über 1–f wird ausgeschlossen, 3 über 2 und 1 – n Pl. Nom. wird ausgeschlossen):

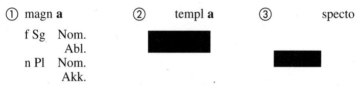

① magn **a**   ②   templ **a**   ③   specto

  f Sg Nom.
         Abl.
  n Pl Nom.
         Akk.

3. Hilfen zum Behalten

3.1 Konjugationen

Die im Vergleich zum Englischen erdrückende Endungsvielfalt, die durch mehr- bis vieldeutige Signale obendrein noch ein enormes Konfusionspotential in sich trägt, muss dadurch auf ein merkbares Maß reduziert werden, dass man das Tempo der Vermittlung drosselt – also nicht alle Kasus innerhalb weniger Tage vorführt – und dass man da, wo Weglassen für mehr Klarheit sorgt, z. B. bei der Verbalflexion, entsprechend verfährt:

1. Schritt: Zeigen, dass es **nur drei** (untereinander nicht völlig unähnliche) Endungsreihen gibt;
2. Schritt: Einprägen dieser Reihen, ggf. mit **kindgemäßen Merkhilfen**[7]:

Nach OST MUS TISe eNTe!

3. Schritt: **Einführung von Abbreviaturen in die Paradigmata:**

Konjunktiv Präsens			
Aktiv		**Passiv**	
am e [m] [s]	mone / audi / capi / duc + a [m] [s]	am e [r] [ris]	mone a [r] [ris]

a → e
e/i/ĭ/k + a

Konjunktiv Imperfekt		
Aktiv		**Passiv**
ama / mone / audi / cape / duce + re [m] [s]		ama re [r] [ris] ...

-re

Konjunktiv Perfekt		Konjunktiv Plusquamperfekt	
Aktiv	**Passiv**	**Aktiv**	**Passiv**
monu **eri** [m] [s]	monitus **si** [m] [s]	monu **isse** [m] [s]	monitus **esse** [m] [s]

-eri / si

-isse / esse

52

4. Schritt: **Herunterspielen** dessen, was für die Formenbestimmung bei der Herübersetzung **von untergeordneter Bedeutung** ist (audi U nt, audi E bam …), u. U. wieder anhand einer erheiternden Verstehenshilfe:

C. Claudius Clever entdeckt die Bindevokale[9]

Allen gegenteiligen Gerüchten zum Trotz ist die lateinische Verbalflexion relativ einfach und überschaubar; die Zugehörigkeit zu einer der fünf Konjugationen spielt bei der Bestimmung eines erheblichen Teils der möglichen Formen keine Rolle.

3.2 Deklinationen

Viel tückischer geht es demgegenüber bei den Nomina zu, doch sind die zahlreichen Stolpersteine noch kaum Gegenstand didaktischer Reflexion gewesen. Beginnen wir mit etwas ganz Einfachem:

Wir bringen den Schülern die a-Deklination bei und lassen als Paradigma *mensa*, der Tisch, lernen.

In diesem Fall kann *mensae* auf dreifache Weise ins Deutsche übersetzt werden; die Endung *-ae* steht scheinbar für des, dem, die (bzw. eines, einem, –).

Das stimmt aber nur dann, wenn die deutsche Entsprechung des lateinischen Worts männlich oder sächlich ist; für *dea* gilt: *-ae* ist der, der, die. Nehmen wir deshalb besser die brave *dea* als Beispielwort? Nein, dann bliebe ja der Fall *mensa* draußen vor der Tür – wir müssen also etwas finden, an dem sich das ganze Problem exemplarisch vorstellen lässt, z. B. *pugna* (der Kampf, die Schlacht, das Gefecht) oder *via* (der Weg, die Straße, das Mittel). Dann wird zugleich deutlich, dass **allen** lateinischen Signalen für den Genitiv Singular von Substantiven entweder *des* oder *der* bzw. *eines/einer* entspricht, und, was noch viel verblüffender ist, den insgesamt sieben verschiedenen Zeichen für N/Akk. Pl. einheitlich der bestimmte Artikel *die*.

Schüler neigen zu der Annahme, was in der fremden Sprache verschieden aussehe, müsse sich auch in der eigenen irgendwie voneinander unterscheiden; darum versuchen sie *servos* anders zu übersetzen als *servi* – wenn man ihnen nicht hilft.

Wirksame Hilfe aber bedarf des rechten Ansatzpunkts. Den findet man nicht, wenn man selbst – dank intensiver deutsch-lateinischer Schulung – in die falsche Richtung denkt.

Der deutschen Pronominalform DIESE können (mindestens!) die folgenden lateinischen Formen entsprechen: eam, ii, eae, ea, eos, eas. Daraus lässt sich ein ziemliches Problem machen.

Andersherum betrachtet, sieht die Sache viel einfacher aus:

So lassen sich Paradigmata entschärfen und Ängste abbauen – und wenn dergleichen ein paarmal gezeigt wurde, können sich die Schüler im Do-it-yourself-Verfahren erarbeiten, welchen Flexionsformen bei der Version jeweils dasselbe deutsche Signal entspricht. Überhaupt die Paradigmata! Die müssen nach Zahl und Anlage energisch beschnitten werden!

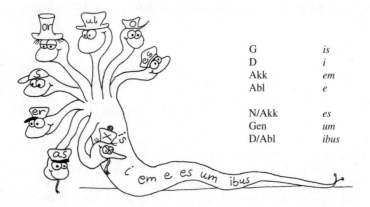

G	*is*
D	*i*
Akk	*em*
Abl	*e*
N/Akk	*es*
Gen	*um*
D/Abl	*ibus*

Grammatiken, die für die Konsonantische Deklination mehr als ein Dutzend Deklinationsbeispiele brauchen, sollten sich vor meiner schon öfter bemühten alten schämen: Die kam mit drei aus, und den Schülern ist viel mehr mit **einer** Merkhilfe, der Boa consonantica, und der Zauberformel – isieme-esumibus geholfen als mit einer solchen Überfülle (s. S. 54 unten!).[10]

Damit die Schüler sich bei den Nomina nicht schlicht aufs Raten verlegen, muss ein nachvollziehbares Bestimmungsverfahren eingeübt werden. Bei der Konsonantischen Deklination (KD) funktioniert es dank unserem Zauberwort erstaunlich einfach:

1. Gegeben sei die Form *victori*.
2. Das Wort, von dem sie gebildet ist, wird nach der KD gebeugt.
3. Wir legen die KD-Latte an und bringen die -i zur Deckung.
   (Folie A)

		(Folie B)	
		(Singular)	
	– –		
	is	Genitiv	
victor i	*i*	Dativ	
	em	Akkusativ	
	e	Ablativ	(usw. im Plural)

Fünf von sieben möglichen Formen sind eindeutig, beim Nom./Akk. Plural liegen die Dinge wie im Deutschen; es bleibt ein einziger Problemfall übrig: *-ibus*.

In der von vielen Nostalgikern des alten Lateinunterrichts als besonders einfach und kindgemäß gepriesenen a-Deklination haben wir demgegenüber drei solche Fälle und nur drei eindeutige Formen; die zugehörige Latte kann somit bei der Mehrzahl der Kasus nur eingrenzen helfen.

Das ist aber auf jeden Fall besser als planlose Raterei, wie sie der Verlust des Überblicks zur Folge hat.

3.3 Kasusfunktionen

Senecas Wort *Habet nimia divisio idem vitii quod nulla* gilt gleichermaßen für die Formen- wie für die Kasuslehre.

Auf keine Weise lässt sich nämlich besser verschleiern, was am Ablativ eigentlich dran ist, als wenn man ihn liebevoll zergliedert.

Drei Hauptfunktionen müssen den Schülern bekannt sein[11]:

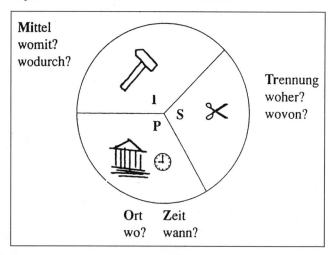

dazu, als etwas sperriger Spezialfall, der comparationis, und als Hilfe für die Übersetzung der Hinweis, dass die meisten Ablative mit einem deutschen Präpositionalausdruck wiedergegeben werden.

Für das schwache Gedächtnis genügt als Hilfe der verrückte VW mit dem makkaronischen Merkwort „Ui, *a mad* VW!", für damit unzufriedene Tüftler bietet sich der Schweizer Unternehmer Adam V. Winzibau an (an, durch, aus, mit, von, wegen, in, zu, infolge, bei, aufgrund, unter)[12].

4. Dem Merkvers eine Chance!

Merkhilfen, gereimt oder in Form kurioser Sätze, haben im „alten" Lateinunterricht eine beträchtliche Rolle gespielt – in Zeiten, als das Gedächtnis der Kinder noch ungleich dienstbarer war als heute. Dass solche Hilfen, wie THOMAS MEYER einmal schrieb[13], im Lauf der Zeit einer „*damnatio memoriae*" verfielen, erklärt sich daraus, dass man scheinbar Irrelevantes in Reime quetschte, zum Beispiel alle siebenundzwanzig Maskulina auf -*is*. Darüber hat schon vor fast hundertdreißig Jahren der Kladderadatsch[14] seine zeitbezogenen Witze gerissen.

Doch Missbrauch des an sich Nützlichen darf nicht zum völligen Verzicht darauf führen – im Gegenteil, wir sollten nach Möglichkeit dem Merkwort oder -vers eine bildliche Stütze beigeben. Ist diese gar noch ein bisschen erheiternd wie der verrückte VW, dann wirkt sie Wunder.

Eher eine Parodie als ein echter Merkvers ist mir aus meiner Schulzeit in Erinnerung geblieben:

Hic, haec, hoc, der Lehrer mit dem Stock;
is, ea, id, was macht er denn damit?
Sum, fui, esse, er haut dich in die Fresse …

Ich habe den Vers, soweit es ging, entbrutalisiert und funktionalisiert; nun trägt er eine ganze Reihe von Pronomina samt ihren deutschen Bedeutungen[15]:

hic,	haec,	hoc	–	Dieser Lehrer mit dem Stock,
is,	ea,	id	–	was tut er denn damit?
iste,	ista,	istud	–	Er haut den da auf die Schnut,
ille,	illa,	illud	–	piesackt jenen bis auf Blut.
ipse,	ipsa,	ipsum	–	Er selbst ist ziemlich dumm,
idem,	eadem,	idem	–	kaut dasselbä immä wiedä
qui,	quae,	quod	–	Welcher Schüler schlägt ihn tot?

5. Satz – Bild – Syntax

Grammatik ist triste, denkt der normale Schüler und lässt sie lustlos über sich ergehen. „Grammar is fun", sage ich und würze meine Erläuterungen dadurch, dass ich entweder eine Merkhilfe oder die zur Demonstration des neuen Gegenstands verwendeten Sätze illustrativ unterstütze –

z. B. den AcI[16]:

Titus Iuliam pulchram

Das PC, den Abl. abs. und die cum-Sätze fasse ich als eine ihrem Wesen nach vergleichbare, für das Latein ungemein typische Einheit auf und bediene mich dementsprechend identischer Demonstrationstechniken.

Ich vermeide dabei den Fehler einer vom Deutschen ausgehenden Beschreibung, die dem *cum* zahlreiche abschreckend klingende Namen gibt und so tut, als gebe es davon jede Menge.

Wohin das führt, hat vor einiger Zeit eine böse Attacke auf das Latein gezeigt, geritten von einem Herrn namens Wulf Schneider in der Süddeutschen Zeitung: Er wollte die mangelnde Logik des Lateinischen unter anderem mit Hilfe des komischen Wörtchens *cum* beweisen, das bald dies, bald jenes bedeute.

Meine alte Grammatik könnte ihm dafür sogar Beweismaterial liefern: „Der Indikativ steht stets bei *cum* in der Bedeutung 'seitdem, dass'" ...[17]

Ein Lateinunterricht, der das Wesen des Lateins recht erfasst, muss demgegenüber zeigen, dass *cum* an und für sich gar nichts bedeutet, weil es ein ebenso offenes Signal ist wie eine Partizipialendung.

Was in der Grammatik trotz prinzipieller Vergleichbarkeit systembedingt auseinander genommen wird, sollte in Unterricht, wo immer es geht, verglichen und synoptisch betrachtet werden.

Also zeigen wir anhand von zwei Bildchen und einem guten Dutzend Satzbeispielen (von denen wir hier nur einen Teil bringen), wie die lateinische Sprache mit ihrem PC, Abl. abs. und dem komischen *cum* funktioniert[18]:

Beispielsätze auf separaten
OH-Folien-Streifen)

(1) Arion cum pulcherrime cantaret,
(a)   omnes homines movit.
(2) Arion cum pulcherrime cantabat,
(b)   omnes homines movebat.
(3) Arion pulcherrime cantans

    (kombinierbar mit (a) und (b))

(4) Arione pulcherrime cantante
(c)   omnes homines moti sunt.
(d)   omnes homines movebantur.

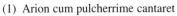

(1) Arion cum pulcherrime cantaret
(e)   neminem nautarum movit.
(3) Arion pulcherrime cantans
(e)   (s. o.)
(4) Arione pulcherrime cantante
(f)   nemo nautarum motus est.

Bei solcher Zusammenschau wollen wir natürlich bestehende Unterschiede nicht übersehen: Cum-Sätze zu identifizieren ist nicht schwer – wir haben ja das *cum*. Partizipialkonstruktionen dagegen können im Zustand fortgeschrittener Formenunsicherheit (den Schüler spätestens im dritten Lateinjahr erreichen) für alles Mögliche gehalten werden.

Also muss eine knappe „Gebrauchsanweisung" entwickelt und durch häufige Anwendung internalisiert werden.

– Am Anfang gilt es die Partizipialkonstruktion zu identifizieren (vom Abl. abs. gibt es drei Typen);

– danach wird sie, da sie ja satzwertig ist, als „Mini-Satz" formuliert,

– dann stellt man fest, welche Sinnrichtung der Kontext diesem Mini-Satz verleiht und welches Zeitverhältnis zwischen ihm und dem Prädikat des Satzes besteht, in den er eingebettet ist.

– Bei der anschließenden Formulierung einer treffenden Übersetzung versucht man es zweckmäßigerweise zuerst mit der Beiordnung. Dabei kann am wenigsten schiefgehen, auch wenn Caesar ganze Salven von „Ablabsen" abschießt.

Unterordnung und substantivische Wendung (präpositionale Verbindung) bieten sich als Alternativen an.

Nach einigen Wiederholungen läuft der durch einen Merksatz („EVA SitZt im BUS") abgestützte Übersetzungsvorgang zügig ab und die Schüler wundern sich, wie leicht das vermeintlich Schwere auf einmal ist – das ist's, was ich unter Operationalisierung verstehe.

Sie gelingt desto eher, je weniger über das in Frage stehende Phänomen theoretisiert wird und je behutsamer man mit Furcht einflößenden Fremdwörtern um sich wirft.

Der Abl. abs. - ein Mini-Satz-[19]

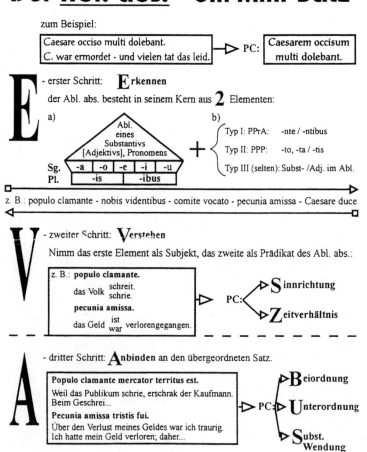

zum Beispiel:

| Caesare occiso multi dolebant. | PC: | Caesarem occisum multi dolebant. |
| C. war ermordet - und vielen tat das leid. | | |

E - erster Schritt: **E**rkennen

der Abl. abs. besteht in seinem Kern aus **2** Elementen:

a)

Abl. eines Substantivs [Adjektivs], Pronomens

| Sg. | -a | -o | -e | -i | -u |
| Pl. | -is | | -ibus | | |

b)

Typ I: PPrA: -nte / -ntibus
Typ II: PPP: -to, -ta / -tis
Typ III (selten): Subst- /Adj. im Abl.

z. B.: populo clamante - nobis videntibus - comite vocato - pecunia amissa - Caesare duce

V - zweiter Schritt: **V**erstehen

Nimm das erste Element als Subjekt, das zweite als Prädikat des Abl. abs.:

z. B.: **populo clamante.**
das Volk schreit. / schrie.
pecunia amissa.
das Geld ist / war verlorengegangen.

PC: **S**innrichtung / **Z**eitverhältnis

A - dritter Schritt: **A**nbinden an den übergeordneten Satz.

Populo clamante mercator territus est.
Weil das Publikum schrie, erschrak der Kaufmann.
Beim Geschrei...
Pecunia amissa tristis fui.
Über den Verlust meines Geldes war ich traurig.
Ich hatte mein Geld verloren; daher...

PC: **B**eiordnung / **U**nterordnung / **S**ubst. Wendung

Coniugatio periphrastica activa ist ein solches Horrorwort für eine Sache, die an sich nicht ganz unkompliziert ist.

Wir betten das Ganze in eine kleine Geschichte ein – vielleicht mit einem kunsthistorischen Schlenker zu Max Beckmann[20] – und schon hat sie den größten Teil ihrer Schrecken verloren[21]:

Ulixes sperat
se aliquando domum
navigaturum esse.

*Calypso Ulixem navigaturum
omnibus rebus necessariis
instruxit.*

Iam Ulixes navigium conscendit mare altum petiturus.

*Videmus Ulixem in patriam
navigaturum.*

Ulixes navigaturus est.

Schrecken kann man auch mit „Erklärungen" wie der folgenden verbreiten, die ich aus dem Angebot mehrerer Grammatiken um der abschreckenden Wirkung willen destilliert habe:

> „... das Gerundium ist ein aktivisches Verbalsubstantiv, das die obliquen Formen des Infinitivs ersetzt, während es sich beim Gerundiv um ein passivisches Verbaladjektiv handelt, das in Verbindung mit der Copula *esse* nezessitäre Bedeutung erhält."

Ein in der Wolle gefärbter Altphilologe mag auf eine Definition wie diese stolz sein – für ein normales Schülerhirn ist sie unbegreiflich.

Diesem Schülerhirn hilft es nämlich gar nichts, wenn ich seinem Besitzer wortreich erkläre, was nun auf ihn zukommt; er braucht nur ein paar Tips für den Umgang mit dem Neuen.

Bei den -nd-Formen, von denen man üblicherweise das Gerundium zuerst behandelt, hat sich ein Merkvers sehr bewährt[22]:

> Es geht am eND fast immerZU mit ZU;
> beim Ablativ kommt man mit DURCH DURCH;
> steht IN daBEI, nimm BEI.

Da gemäß einer alten Schneiderweisheit doppelt genäht besser hält, kann man dasselbe auch schematisiert bringen:

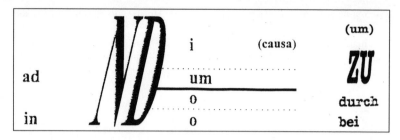

Entsprechend dieser Vorgabe[23] sollte man alle -nd-Konstruktionen oberhalb der Ablativ-Schwelle zunächst mit „(um) zu …" übersetzen und es auch vor einer womöglich eleganteren Lösung erst mit dem Infinitiv versuchen:

Captivo occasio	Dem Gefangenen bot sich eine Gelegenheit
fugiendi oblata est.	zu fliehen/zur Flucht.

Bei Gerund-Formen, die mit Objekten und/oder Adverbialia erweitert sind, gibt es sowieso meist keine Alternative zum Infinitiv:

Arminium cepit cupido	Arminius ergriff das Verlangen,
patriam a Romanis liberandi.	seine Heimat von den Römern zu befreien.

Finden wir stattdessen die Fügung

patriae a Romanis liberandae,

so sollten wir hier nicht – gewaltsam und fruchtlos – nach dem passiven Sinn suchen, den das Gerundivum angeblich hat, sondern betonen, dass für die Übersetzung zwischen den beiden Ausdrucksweisen nicht der geringste Unterschied besteht.

Es bleibt uns noch das Gerundiv mit *esse*, bei dem Generationen von Schülern um der scheinbaren Wörtlichkeit willen dem armen Deutsch die roheste Gewalt angetan haben:

Gott ist den Menschen ein zu fürchtender und zu liebender.

Dergleichen kann man sich sparen – und wenn man es klug anstellt, erspart man sich zugleich die Mühe der Erklärung einer scheinbar schwer erklärbaren Kasusfunktion.

Ich rate nämlich dazu, den *Dativus auctoris* dem *possessoris* gleichzusetzen (s. Abb. nächste Seite!).

Man sollte das erheiternde Bild in diesem Zusammenhang nicht als eine verspielte Beigabe betrachten, auf die – da sie weit weniger wichtig ist als der Beispielsatz – ohne weiteres verzichtet werden könne: Das Bild prägt sich ein und dient als Erinnerungsstütze für das vermittelte Grammatikwissen.

Dieses haftet um so besser, je haltbarer die Stütze ist.

Marco canis est.
Marcus hat einen Hund.

Marco canis curandus est.
Marcus hat einen Hund zu versorgen.

Cani parendum est.
Ein Hund hat zu parieren.

Canis foras („Gassi") *ducendus est.*
???

Als unübertrefflich erwies sich in der Praxis die Kombination einer anagrammatischen Merkhilfe mit einer Abbildung und dazu passenden lateinischen Sätzen.

Man denke sich beispielsweise ein Bild, das einen Strand voller Nackedeis zeigt (auf dessen Abdruck wir hier lieber verzichten wollen). Schüler erheitert es sehr, wenn man es im Abdeckverfahren peu à peu präsentiert.

Die zugehörigen Satzbeispiele sind höchst einfach:

> *Multi veniunt,*
> > *q u i nudi laventur.*
> *Multi sunt,*

Als anagrammatische Merkhilfe erfasst F K K die finale, kausale und konsekutive Sinnrichtung konjunktivischer Relativsätze.

Mit einem Grammagag wie diesem kann man sogar noch Zehnt- und Elftklässer zum Schmunzeln bringen; er ist gewissermaßen altersneutral, und das ist gut so, denn auch die beste Merkhilfe wirkt erst dann in die Breite, wenn sie mehrfach eingesetzt wurde.

Zwischen der ersten Erheiterung über ein kurioses Merkwort oder ein Bildchen mit Pfiff und dem völligen Erfassen des damit demonstrierten Problems kann einige Zeit vergehen. Man scheue sich darum nicht, einen „Demo-Set" wie die Arion-Folge, die sowieso mehreren Zwecken dienen soll, bei passender Gelegenheit immer wieder zur Verdeutlichung heranzuziehen: Wenn etwas öfter gezeigt wird, ist das auf jeden Fall effektiver und für die Schüler auch erträglicher, als wenn der Lehrer immer wieder dasselbe sagt.

Literaturhinweise

Der altsprachliche Unterricht. Arbeitshefte zu seiner wissenschaftlichen Begründung und praktischen Gestalt

XXXIV 6 (1991) (hgg. v. MEYER, TH.) Ars memorandi (Lerntechniken).
XXVI 5 (198) (hgg. v. GLÜCKLICH, H.-J.); darin: FINK, G.: Verdichten statt Verzichten. Probleme der Ökonomisierung im Lateinunterricht, 24–30.

Anmerkungen

[1] RUBENBAUER, H./HOFMANN, I. B.: Lateinische Grammatik zu Lectiones Latinae. Lateinisches Unterrichtswerk für Gymnasien. – München 1948.

[2] Exemplarisch sind die von Hartmut Grosser und Friedrich Maier für Cursus Latinus, Lateinisches Unterrichtswerk für Latein als 2. Fremdsprache, hgg. v. KARL BAYER (Bamberg/München 1972 ff.), entwickelten Modelle und 'Eye-Catcher'.

[3] MEYER, TH.: Memoranda. Grammatisches Grundwissen Latein. – Stuttgart 1992, 30 u. ö.

[4] LINDAUER, J./PFAFFEL, W.: Roma. Lateinische Grammatik. – Bamberg/München 1997, 147.

[5] Aus: FINK, G./MAIER, F.: Ordo. Modellgrammatik Latein. – München 1998, 10.

[6] FINK, G./MAIER, F. (Hg.): Cursus Continuus. Texte und Übungen (Ausgabe A) I. – Bamberg/München 1995, 26.

[7] Aus: FINK, G.: Tips, Tricks, Training (TTT) Latein 1. – München 1996[2], 12, 24, 31.

[8] Aus: FINK, G./MAIER, F.: Ordo. Modellgrammatik Latein. – München 1998, 15.

[9] Aus: FINK, G.: Tips, Tricks, Training (TTT) Latein 1, 19.

[10] Aus: FINK, G.: Tips, Tricks, Training (TTT) Latein 2. – München 1995, 25.

[11] Aus: FINK, G./MAIER, G. (Hg.): Cursus Continuus Ausgabe B. Lehrerband. – Bamberg/München 1997, 54.

[12] Aus: FINK, G.: Tips, Tricks, Training (TTT) Latein 3. – München 1998, 16.

[13] Merkverse. In: AU 6/91, 55.

[14] Kladderadatsch, Humoristisch-satirisches Wochenblatt Nr. 58/1870, 231: „Viele Dinge sind auf *-is* längst verschwunden in Paris, *panis, piscis* ist am *finis* und vom *canis* bleibt nur *crinis …*"

[15] Aus: FINK, G.: Tips, Tricks, Training (TTT) Latein 2. – München 1995, 49.

[16] Aus: FINK, G.: Tips, Tricks, Training (TTT) Latein 3, 5 f.

[17] RUBENBAUER/HOFMANN (vgl. Anm. 1) 205.

[18] Aus: FINK, G.: TTT Latein 3. 14, 21, 24 f.

[19] Aus: FINK, G./MAIER, F.: Konkrete Fachdidaktik Latein. – München 1996, 51.

[20] Nämlich zu seinem Gemälde „Odysseus und Kalypso" (1943, Kunsthalle Hamburg).

[21] FINK, G.: TTT Latein 3, 18 f.

[22] Aus: FINK, G./MAIER, F.: L 2. Konkrete Fachdidaktik Latein. – München 1996, 52.

[23] ebd., 54, eingebettet in die Vorlage für einen Foliensatz zur Demonstration des sogenannten attributiven Gerundivs.

Anna Elissa Radke

Die Sprache lehrt die Schüler

Künstlerische Didaktik oder Kunst als Ereignis im Unterricht

O veni, formose geni Latine,
persona mentes agitaque corda,
Vergili Flaccique, Ovidi patrone,
blande magister!

Komm, du schöner Genius der lateinischen Sprache,
durchklinge unser Denken und bewege unsere Herzen,
Vergils, Horaz' und Ovids Beschützer,
sanfter Erzieher!

Mit dieser Anrufung des lateinischen Sprachgeistes beginne ich die erste Lateinstunde (Latein III, 9. Klasse). Auf eine Diskussion, ob es überhaupt so etwas wie einen lateinischen Sprachgeist gibt, will ich mich an dieser Stelle nicht einlassen. Mir genügt es, es zumindest für denkbar zu halten, dass allein durch seine Anrufung dieser Geist der lateinischen Sprache in den Anrufenden selbst als lebendig empfunden wird.

Was ist aber gemeint, wenn ich vom Geist der lateinischen Sprache spreche? Es ist die Kraft lateinischer Worte, die Kraft der Lyrik, Epik, des Dramas, des Romans, der Reden, der Briefe, der philosophischen und historischen Abhandlungen, die auch heute noch unser Denken und Empfinden berühren und bewegen können. Diese Kraft ist personifiziert in den drei großen römischen Dichtern Vergil, Horaz und Ovid, die sie gleichsam beschirmt *(patronus)* und unter deren Schirmherrschaft wiederum der Lateinunterricht stehen soll, ein Unterricht, der ohne Repression auskommen will, der nur durch die sanfte Macht *(blandus magister)* des dichterischen Wortes wirken will.

Nicht die Lateinlehrerin, sondern die Sprache selbst soll die Schüler lehren, soll nicht nur sanfter Erzieher sein, sondern dieser Genius der lateinischen Sprache ist auch *formosus,* er ist „schön" und „formenreich", wie man dieses Adjektiv auch übersetzen kann, wenn man die Vielfalt der noch wirksamen Formenbildungskräfte in den Deklinationen und Konjugationen der lateinischen Sprache ins Bewusstsein rücken will.

Die Form der Anrufung des Sprachgeistes – und nicht die der theoretischen Erörterung über sein Wesen und seine Existenz – wurde gewählt, weil damit etwas vom Wesen aller sprachlichen Äußerung in Erinnerung gerufen wird:

Dass nämlich Sprache die menschliche Antwort auf Welterfahrung ist. Mit der Interjektion „O", der staunenden, bittenden Anrede, die vor aller Differenzierung in verschiedene Sprachfamilien liegt, beginnt auch der Lateinunterricht. Die Wortart der Interjektion ist die erste, die die Schüler kennen lernen und die besonders geeignet ist, Schüler anzuregen zu Fragen nach der Entstehung und dem Wesen von Sprache überhaupt. Denn oberstes Lernziel von Fremdsprachenunterricht an einer Waldorfschule ist nicht nur Sprach- und Sprechfertigkeit zu vermitteln, sondern in erster Linie soll dieser Unterricht Sprachpropädeutik sein: Einführung in das Wesen von Sprache überhaupt.

Die zweite Sprachform ist der „Imperativ", eine vorflektorische Form, die nur aus dem reinen Stamm des Verbs besteht und zeigt, dass der Mensch der Welt nicht nur passiv staunend gegenübersteht, sondern dass er durch sein Wort etwas bewirken will. Gerade dieser Impuls, wirkend in die Welt einzugreifen, vermittelt den Schülern von Anfang an etwas typisch Römisches. Auch die Form des Vokativs besteht nur aus dem Stamm des Namens, ist eigentlich eine entfaltete Form der Interjektion.

So erleben die Schüler in der ersten Lateinstunde, dass Latein kein mathematisches Spiel ist, in dem man nach festen Regeln Wortbausteine montiert, sondern eine Äußerung menschlicher Welterfahrung, die uns auch zum Nachdenken über unseren heutigen Umgang mit unserer eigenen Sprache führen kann.

Von der ersten Stunde an geht es um mehr als um die Vermittlung grammatischer Strukturen: Immer geht es in erster Linie um die Entwicklung von Menschlichkeit im jungen Menschen.

Nachdem ich also zu Beginn des Unterrichts mit den Schülern stehend diesen Spruch an den Sprachgeist rezitiert habe, gehe ich dann von der ersten Stunde an zur Originallektüre über, wobei ich schon im ersten Lernjahr Texte aus allen Bereichen der Latinität, der Antike, des Mittelalters und der Neuzeit, den Schülern vorlege.

Den ersten Text, den die Schüler des spätbeginnenden Lateins lesen, ist ein kleines Michael-Spiel, denn das Schuljahr beginnt im Herbst kurz vor dem Michaelstag.

Der erste Satz, der im Lateinunterricht gelesen und lautlich hörbar wird, ist von großer Bedeutung, da er sich ganz besonders tief einprägt. Doch meist beginnen die Lehrbücher mit Sätzen, die es eigentlich nicht wert sind, dass man sie sich für die Ewigkeit einprägt, wie z. B.

Britannia insula est. (Latinum)
Marcus currit. (Ianua nova)
Domitilla cantat. (Ostia)
Hic est forum. (Felix)

1. Der Eintritt in die Sprache

Der erste lateinische Satz, mit dem meine Schüler in die Welt der lateinischen Sprache eintreten, ist ein Satz aus der Bibel:

MICHAEL ET ANGELI EIUS PUGNABANT CUM DRACONE.

Es ist ein lateinisch-griechisch-hebräischer Satz, so wie unsere abendländische Kultur aus diesen drei Elementen zusammengesetzt ist.

Und das erste Wort, das die Schüler deklinieren (= beugen!) sollen, ist *draco*: es gilt also den alten Drachen zu beugen – und nebenbei(!) um die konsonantische Deklination.

Und das erste Wort, das die Schüler konjungieren, ist *pugnabant,* das Imperfekt Aktiv von *pugnare,* d. h. es ist ein alter Kampf, den Mächte in alter Zeit gekämpft haben und vielleicht immer wieder kämpfen und in den jetzt die Schüler mit einbezogen werden, den sie in ihrer Entwicklung nachvollziehen sollen.

Wenn die Schüler in dem kleinen Spiel die Rollen des Michael, des Drachen, der Engel des Michael und des Drachen nachsprechen, so geschieht das nicht nur, um grammatische Übungen weniger trocken erscheinen zu lassen, sondern damit die Schüler die Personen des Ich, Du, Wir, Ihr, Er, Sie (Plural) erlebend nachvollziehen.

Michael: Pugnabam cum dracone.
Angeli Michaelis: Pugnabas cum dracone.
Michael: Pugnabatis cum dracone.
Angeli Michaelis: Pugnabamus cum dracone.

Draco: Pugnabam cum Michaele.
Angeli draconis: Pugnabas cum Michaele.
Draco: Pugnabatis cum Michaele.
Angeli Michaelis: Pugnabamus cum Michaele.
IOHANNES: ET NON VALUERUNT DRACO ET ANGELI EIUS, NEQUE LOCUS INVENTUS EST EORUM IN CAELO.
Michael: Non valuisti, draco!
Draco: Non valui.
Angeli Michaelis: Non valuistis, angeli draconis!
Angeli draconis: Non valuimus. Valuisti, Michael. Valuistis, angeli Michaelis!
......
Michael: Pugnabam, valui et valeo.
Angeli Michaelis: Pugnabamus, valuimus et valemus.
Michael et Angel Michaelis: Valete discipulae! Valete discipuli! Valete magistri, Valete magistrae!

Die Vokabel *valere,* die in dem Alltagsgruß *vale* kaum noch eine inhaltliche Bedeutung hat, wird als „stark sein", „siegend die Oberhand behalten" mit neuem

Sinn erfüllt. Immer wenn die Schüler zur Lehrerin und umgekehrt „Vale!" sagen, soll etwas mitschwingen von dem Wunsch, dass das Böse besiegt werden möge.

Diese wenigen Beispiele mögen genügen, um anzudeuten, wie sich die Methode dieses künstlerischen Unterrichts von traditionellem Grammatikunterricht unterscheidet: Nicht die Texte dienen der Veranschaulichung der Grammatik, sondern die Grammatik dient der Veranschaulichung der Textinhalte!

2. Ein Dialog zwischen Lehrerin und Schülerin

Hin und wieder lege ich den Schülern auch Texte vor, die nicht nur ihre Kenntnisse der antiken Welt, der lateinischen Sprache und ihre Fähigkeiten zu moralischem Handeln entwickeln sollen, sondern die auch das Lehrer-Schüler-Verhältnis thematisieren: meine Schüler sollen immer im Bewusstsein haben, dass sie nicht von einem gefühllosen Computer – der in Zukunft immer häufiger den menschlichen Lehrer ersetzen wird – unterrichtet werden, sondern von einer Lehrerin, die den Lebensweg der ihr anvertrauten Schüler mit Liebe begleiten und ihnen die Dinge, die ihr selbst wichtig sind, mitteilen will. Ein Beispiel dieser Textart ist ein Dialog zwischen der Lehrerin und einer Schülerin, der die Stufen der Unterweisung und die Lernziele ihres Unterrichts darstellt (zuerst veröffentlicht in meiner „Harmonica vitrea"). Das Besondere dieses Dialogs ist, dass die „Bezahlung" für den Unterricht (Geld, Forellen und Honig) mir tatsächlich so von einer Nachhilfeschülerin geleistet wurde, denn das Mädchen angelte im Schwarzwald selbst Forellen und betrieb als Hobby eine Bienenzucht.

DIALOGUS INTER MAGISTRAM ET DISCIPULAM

MAGISTRA: Quid dabis, si te docebo
Latinam grammaticam?
DISCIPULA: Marcas dabo bis vicenas
pro instructionibus.
MAGISTRA: Quid dabis, si te docebo
linguam vividissimam?
DISCIPULA: Duas tructas vivas dabo,
quas cepi harundine.
MAGISTRA: Quid dabis, si te docebo
carmina perennia?
DISCIPULA: Mella dabo, quae legerunt
apes meae sedulae.

MAGISTRA: Quid dabis, si te docebo
scripta sapientium?
DISCIPULA: Dabo gratiam et fidem
et tui memoriam.
MAGISTRA: Quid dabis, si te docebo
verba evangelii?
DISCIPULA: Totam vitam meam summo
commendabo domino.

UNTERREDUNG ZWISCHEN LEHRERIN UND SCHÜLERIN

LEHRERIN: Was wirst du mir geben, wenn ich dich lehren werde
die lateinische Grammatik?
SCHÜLERIN: Ich werde zweimal zwanzig Mark geben
für die Unterrichtsstunden.
LEHRERIN: Was wirst du mir geben, wenn ich dich lehren werde
eine quicklebendige Sprache?
SCHÜLERIN: Zwei lebende Forellen werde ich geben,
die ich mit der Angel gefangen habe.
LEHRERIN: Was wirst du geben, wenn ich dich lehren werde
unvergängliche Dichtung?
SCHÜLERIN: Honig werde ich geben, den gesammelt haben
meine emsigen Bienen.
LEHRERIN: Was wirst du geben, wenn ich dich lehren werde
die Schriften der Philosophen?
SCHÜLERIN: Dankbarkeit und Treue werde ich geben
und dich nicht vergessen.
LEHRERIN: Was wirst du geben, wenn ich dich lehren werde
die Worte des Evangeliums?
SCHÜLERIN: Mein ganzes Leben
werde ich dem höchsten Herrn anvertrauen.

3. Die Zumutung einer Enttäuschung

Aber nicht nur die harmonische Kommunikation zwischen Lehrer und Schüler, sondern auch die Enttäuschung der Lehrerin über das Misslingen von Bildungsvermittlung mute ich meinen Schülern zu, damit sie sich mit meiner Rückmeldung auf ihr Verhalten auseinander setzen und so vielleicht doch noch ihre Einstellung ändern – auch ohne repressive Maßnahmen.

AD GENOVEFAM ET TIMONEM, QUI IRREGULARITER LECTIONES
FREQUENTARE SOLEBANT

Forum scholare saepe obibam non secus
quam circulatrix nundinas:
„haec emite dulcia poma, vos discipuli,
Opem et Minervam vendito!
Venite, tollite et artium scientiam
et liberales litteras!
Vobis quid illae?" – „Sunt tibi professio,
pro qua datur stipendium!
modo res Latina nos trahit, modo et alia res –
valeas, magistra, cum schola!"
Num paedagogo similis olim ex Graecia
capto magistra serviam
Romae iuventae nobili vagae nimis
timens parentum verbera? –
humanitatis classicae baculo suo
blandus docebit vos Amor!

AN JENNY UND TIMON, DIE UNREGELMÄSSIG DEN UNTERRICHT ZU BESUCHEN
PFLEGTEN

Wie eine Marktfrau auf dem Wochenmarkt, so bot
ich oft das Bildungsgut euch feil:
„Hier, diese süßen Äpfel, kauft, ihr Schüler, kauft
zu Schleuderpreisen Obst und Kunst!
Kommt, nehmt euch Kunde von der alten Dichter Werk,
von freier Geisteswissenschaft!
Was kümmert euch ein alter Text!" – „Sie müssen ja
für ihr Gehalt das Gut tradiern!
Mal mögen wir Latein, mal haben wir kein' Bock darauf,
dem Schulstress sagen wir ade!"

Bin ich denn Lehrersklave wie im Alten Rom,
wo ich verwöhnter Jugend dien',
die nur nach Lust und Laune lernen will,
muss mich vor Eltern fürchten stets? –
Der sanfte Lehrer Amor wird mit seinem Stock
euch Classics lehren – ohne Druck!

4. Persönliche Ansprache an die Schüler

Außer Gedichten, die ich für alle Schüler geschrieben habe, habe ich auch für einzelne Schüler und Schülerinnen Gedichte oder kurze Epigramme, „Zeugnissprüche" geschrieben.

Aus der Vielzahl dieser Xenien habe ich einige ausgewählt, um zu zeigen, wie ich versuche, durch persönliche Ansprache die Schüler zu motivieren.

Wo es sich anbot, habe ich den Namen der Schülerin als Anregung für das Epigramm genommen:

CATHARINA

Tradidit ipsa tibi, Catharina, patrona diserta
artes atque fidem: suscipe utrasque simul!

Dich, Katharina, hat einst gelehrt die beredte Patronin
Glauben und Wissenschaft: beides ergreife zugleich!

WOLF – LUPUS

O Lupe, magnanimo sacrate patri geminorum,
ecce, puer, tibi nunc lingua Latina lupa est!

Wolf, der du heilig einst warst dem Zwillingsvater, dem Kriegsgott,
nun, dass du groß wirst und stark, säugt dich die Wölfin Latein!

JASON

Fortiter, Aesonides, Argo vitamque guberna,
seu Medea virum sive Creusa regit …

Mutig, du Aesonssohn, lenk dein Lebensschiff wie einst die Argo,
ob dich Medea beherrscht oder Creusa regiert …

STEPHANUS

Vidi, ut turba iterum lapides coniecerit in te
saepius illudens: numquam ego Saulus ero!

Ich hab' gesehen, wie wieder die Menge dich steinigen wollte,
immer zum Spotten bereit: Niemals werd' Saulus ich sein!

In anderen Sprüchen habe ich die Schüler mit Personen aus dem Mythos oder der antiken Geschichte verglichen:

PHAETON

Si, Line, tu Clymenes puerum studeas imitari,
igneus ut Phaeton, tu cave decideris!

Ahmst du den Sohn der Clymene nach, o Linus, mit Eifer,
stürze nur ja nicht – wie einst Phaeton – brennend herab!

GANYMEDES

O dilecte Iovis, specie aeria, Ganymedes
flave, tene terram, ne te aquila eripiat!

Liebling des Zeus, du luftverwandte Gestalt, Ganymedes,
Blondschopf, halt fest an der Erd', dass nicht der Aar dich entführt!

MINERVA

Custodem apparet tibi doctricemque Minervam:
glaucis ingenium fulminat ex oculis.

Dich beschützt und lehrt ganz offensichtlich Minerva:
lebhafter Geist und Verstand blitzt dir aus hellblauem Aug'.

ACHILLES

Armis et castris mater te avertit, Achille,
inseruitque choro virgineo iuvenem.

Dich, Achill, hielt die Mutter einst fern von Waffen und Kriegen:
in einem Mädchenchor hat sie den Jüngling versteckt.

DAEDALUS

„Perge creare novas et res et verba!" magistra
laudat laeta tuo Daedaleo ingenio.

„Denk dir nur weiterhin aus neue Dinge und Worte!" so lobt die
Lehrerin, hocherfreut über des Daedalus Geist.

CATO

Porcia, posterior neptis de gente Catonis,
iustitiam atque fidem te docuit proavus.

Porcia, Urenkelin aus dem alten Geschlechte des Cato,
Treu und Gerechtigkeitssinn hat dich der Urahn gelehrt.

Diese Xenien teile ich den Schülern nicht einfach aus, sondern ich kündige sie ihnen zunächst nur an und händige sie ihnen erst aus, wenn sie sich über das in ihrem Epigramm vorkommende mythologische oder historische Thema informiert haben.

Die meisten Schüler sind dann besonders eifrig bestrebt, möglichst viel über das Thema, das mit ihnen selbst zu tun hat, zu erfahren. So üben sie an diesem Sonderfall eines lateinischen Textes, dass man aus Texten etwas erfahren kann, was mit einem selbst zu tun hat, was die eigene Persönlichkeit bereichern kann.

5. Latein im ganzen Schulalltag

Aber ich höre nach Beendigung der Lateinstunden nicht auf, Latein zu unterrichten, sondern ich umhülle und überhöhe den ganzen Schulalltag mit lateinischen Gedichten.

So habe ich vierzehn Gedichte geschrieben auf eine Plastik (Vegetative Form von Frank Maeder), die auf dem Oberstufenhof steht. In diesem Gedichtzyklus „Flos ferreus" habe ich im siebten Gedicht die Plastik mit einem mittelalterlichen Folterwerkzeug verglichen, das die Gedankenfreiheit (gegen den Willen des Schulgründers!) in der Schule bedroht.

FLOS FERREUS VII

Tormenta ferrea posita sunt horto scholae:
terrent magistros, imminent scholaribus
inoboedientibus, haeresim sequentibus
aut hominum omissam semitam sapientium:
qui comprimantur ferreis tabularibus.

7
EIN ALTES WERKZEUG

Ein Folterwerkzeug in dem Pausenhof erschreckt
die Lehrer, droht der unbotmäß'gen Schülerschaft
und allen, die von rechter Lehre weit entfernt, –
vielleicht auch alten Weisheitspfad der Menschheit geh'n …
Sie alle soll der Eisenzwinger bändigen.

Das achte Gedicht dieses Zyklus sieht in der Plastik einen Nistplatz für die Nachtigall, den bedrohten Vogel des Jahres 1995:

FLOS FERREUS VIII

Hic tibi est tutum, philomelam, asylum:
ecce, munita est tibi turris alta,
inter aeratos sterilesque ramos
exstrue nidum!

Dulce et auribus modulare carmen,
floreant pulli, schola liberales
protegatque artes – ut aves inermes –
atque poetas.

8
DIE NACHTIGALL, VOGEL DES JAHRES 1995

Hier wird, Nachtigall, dir Asyl geboten!
Sieh, zum Schutz für dich ist ein Turm errichtet,
findest in dem kahlen und kalten Astwerk
sicheren Nistplatz.

Sing uns, Nachtigall, deine süßen Lieder!
Deine Brut gedeihe! – Die Schule schütze –
so wie hier die Vögel – so alle Künste
und auch die Dichter!

6. Abschied an die Abiturienten

Auch den Abiturienten, die das Latinum schon bestanden haben, gebe ich noch ein Abschiedsgedicht mit auf den Weg, in dem ich auf ihre Schulzeit von der ersten Grundschulklasse an zurückblicke und noch einmal Rechenschaft ablege über das, was ich ihnen weitergeben wollte. Nicht mehr die Lehrerin ist hier die Gebende, hier werden die Schüler gebeten, die Lehrerin nicht im Stich zu lassen.

AD DISCIPULOS MEOS ABITUROS

Multos per annos vos lapides, aves,
pisces docebant, non sine lumine,
stare et gradi et nare et salire et
muta elementa vocare fratres.

Ludi magistri principia artium
rerumque causas innumerabiles
semper laborabant docere,
quisque sua propria loquela.

Exul Camena et postuma et ultima
vobis canebat carmina Apollinis,
inter tot invidas catervas
lusit Arionioque plectro.

O vos fideles, parva manus mea
Delphinum, inermem tolle poetriam!
vobis dabo – Delphini ad usum -
carmina, quae maneant in aevum!

An die Abiturienten 1996

Durch viele Jahre lehrten euch Stein und Bach
und Luft und Vogel, Fischlein und Sonnenstrahl
das Stehen, Gehen, Schwimmen, Springen
und Elemente zu nennen Brüder.

Die Klassenlehrer lehrten euch mit viel Müh'
die Anfangsgründe manch einer Fertigkeit,
die Ursachen so vieler Dinge,
jeder sprach in seiner Muttersprache.

Verbannte Muse und späte Nachkommin
hat euch gesungen Lieder des Gotts Apoll,
unter so vielen scheelen Blicken
hat sie ergriffen Arions Leier.

O ihr Getreuen, hilfreiche kleine Schar,
o ihr Delphine, rettet die Dichterin!
Ich gebe – für den Schulgebrauch – euch
Lieder, – ach, mögen sie ewig bleiben!

Zuerst erinnere ich die Abiturienten an ihre Klassenlehrerzeit (Klasse 1–8),
spiele auf die Schulhymne an (,,Auf der Erde steh ich gern …"), lasse sie an die
Einführung in Schreiben, Lesen, Rechnen, Naturwissenschaften, Fremdsprachen und künstlerisch-praktische Fächer denken. Dann rufe ich den Schülern
das bedrohte und umstrittene Wirken der ,,Camena Apollinis" ins Gedächtnis

und bitte die Schüler schließlich – wie die Delphine einst dem Arion halfen –, jetzt die Lehrerin zu unterstützen. Dafür wird sie ihre Schüler in Gedichten verewigen.

7. Zur Humanisierung des Schullebens

Außer Gedichten, die ich vor allem zum Einleben in die lateinische Sprache und Kultur für die Schüler verfasst habe, schrieb ich auch solche, die ihrer moralischen Erziehung und Verfeinerung ihrer Sitten dienen sollten, die zur Humanisierung des Schullebens beitragen sollten.

CUM TRES DISCIPULAE TAENIA SERICA SE DEVINXERUNT

Taliter admonui blaterantes saepe puellas:
„Trinam nunc vestram dividam amicitiam!"
Attonitaeque manus uno vinclo religarunt,
vittae consocias continuere rubrae.
At iuvenis subito discindit forfice filum,
gratior ut vinclis Gratia sit vacua.
Sic mea cara cohors lusit sub imagine picta
Mercurii atque chori tergemini Charitum.

ALS DREI SCHÜLERINNEN SICH MIT EINEM TAFTBAND ZUSAMMENBANDEN

So hab' ich neulich ermahnt drei häufig schwatzende Mädchen:
„Meine Geduld ist am End', jetzt trenn' ich innigen Bund!"
Das erschreckte die Drei: sie banden die Hände zusammen,
hellrote Schleife umwand dieser Gefährtinnen Schar.
Doch plötzlich nimmt ein Jüngling die Schere, durchschneidet den Faden,
dass ohne Fesseln jetzt sei Anmut noch anmutiger.
In dieser Weise agierte verspielt meine Gruppe, – es hing das
Bild des Merkur und der drei Grazien dort an der Wand …

Eines der letzten Gedichte schrieb ich aus aktuellem Anlass für Schüler und Schülerinnen, die fluchtartig die Schule verließen, um an Demonstrationen gegen die Castor-Transporte teilzunehmen. Erstaunlicherweise kann man zwischen dem Zwillingsstern Castor und dem aus Abkürzungen zusammengesetzten Kunstwort Castor doch etwas Gemeinsames finden: das Strahlen! – Auf die umstrittenen Aktionen gehe ich nicht näher ein, versuche nur darauf hinzuweisen, dass diese spektakulären „Mutproben" vielleicht weniger Mut erfordern als im Schulalltag Zivilcourage zu beweisen.

CASTOR ET POLLUX

O fratres Helenae, Polluces et Castores,
vobis Horatius olim amicum credidit,
radiantibusque stellis, polluentibus
agros et fruges, nostra et flumina et aera.
Detrudat vos de caelo pater Olympicus
in Tartarum imum, quo clausi manebitis.
At vos, puellae, vos, iuvenes, tuemini
nos a contagibus: has schola retinebitis
pestes radiantes, quae scholam nostram petunt
maligniores pestifero Plutonio:
rumor timorque, livor et insipientia.

CASTOR UND POLLUX (PROSAÜBERSETZUNG)

Ihr Brüder Helenas, all ihr Polluces und Castores,
euch hat Horaz einst seinen Freund anvertraut,
euch, den strahlenden Sternen, denen, die verseuchen
Äcker und Feldfrucht, Flüsse und Luft.
Zeus soll euch hinabstürzen vom Himmel
in den tiefsten Tartarus, wo ihr eingesperrt bleiben sollt!
Aber ihr, Mädchen, und ihr, Jungen, beschützt
uns vor Verseuchung: haltet von der Schule fern
strahlende Verseuchung, die unsere Schule angreift,
bösartiger als das unheilvolle Plutonium:
Gerücht und Angst, Neid und Unwissenheit.

8. Dank an die Schüler

Dann schenkte ich Schülern auch Gedichte, wenn ich mich bei ihnen bedanken
wollte, weil ich mich durch sie beschenkt gefühlt habe und um deutlich zu machen, dass der Lehrer nicht immer nur der Gebende ist, sondern auch durch die
Schüler Bereicherung erfahren kann.

AD ANNAM PERENNAM, QUAE CRUSTULA DONO DEDIT

Pro cena mihi gratias
egisti sapidis, Annula, crustulis.
dona et grata inopinaque
arridens tribuisti oreque candido.

Livorem atque superbiam,
caecam stultitiam, barbariem horridam
parvo munere et insciens
doctrici superasti indociles tuae.

Facta es angela caelitum:
implesti ambrosia suave poetriam.
sin forte haec dubites: tuis
splendor luminibus sed tamen immanet!

An Anna Perenna, die Küchlein dem Volk schenkte

Für das Gastmahl sagst du mir Dank
mit Gebäck, das du selbst für mich gebacken hast,
unerwartetes Dankgeschenk
brachtest lächelnd du dar strahlenden Angesichts.

Neid und Hochmut zugleich,
Unbeweglichkeit und Schrecken der Unkultur
hast mit kleinem Geschenk – und auch
unbelehrbares Volk – unwissentlich besiegt.

Bote bist du der Himmlischen:
mit Ambrosia sanft labst du die Dichterin.
Solltest du dies bezweifeln, dann
bleibt mir doch als Beweis Leuchten in deinem Aug'.

Ad discipulas, quae magistram invalidam visitaverunt

Floribus et charta delectavere puellae
sponte sua doctricem invalidam et miseram.
Optavere, ut sit mens sana in corpore sano:
vota ambos sanant, votaque cor recreant.

An zwei Schülerinnen, die ihre Lehrerin im Krankenhaus besuchten

Blumen und Kartengruß brachten die Mädchen aus eigenem Antrieb
ihrer Lehrerin dar, die krank im Klinikbett lag.
Dass ein gesunder Geist in gesundem Körper ihr werde,
wünschten sie – und es traf ein! Und auch ihr Herz ward gesund!

9. Gedichte an Kollegen

Und da ich nicht die einzige Lehrerin an meiner Schule bin, sondern dort mit mir ungefähr fünfzig Lehrer im Primar-, Sekundar I und Sekundar II-Bereich unterrichten (es handelt sich um eine Einheitsschule ohne Differenzierung), habe ich versucht, auch meine Kollegen, die dem Latein meist skeptisch oder gar feindlich gegenüberstehen, durch Gedichte, die ich an sie gerichtet habe, von der Humanität zu überzeugen, die ich durch meinen Lateinunterricht zu vermitteln versuche, was aber nur ansatzweise gelang, meinen Glauben an das Humane in jedem Menschen aber nicht zu erschüttern vermochte, obwohl mir bei Veröffentlichung meiner Gedichte mit Sanktionen bis hin zur Kündigung gedroht wurde. Von diesen Versuchen möchte ich nur drei vorstellen:

GENETHLIACUM

Currite, discipuli, vestro cantate magistro
cum argutis calamis, cum tenerisque lyris!
natalisque dies celebretur rite candendo!
Dirige, Bacche, chorum! Phoebe, regas choream!
Et tu, cui cordi est certe ille, severe magister,
adnue, imago atrox, solve et acerba labra!

GEBURTSTAGSLIED FÜR EINEN LEHRER DER KUNSTGESCHICHTE,
DER HÄUFIG ÜBER DAS APOLLINISCHE UND DIONYSISCHE IN DER KUNST SPRICHT

Lauft herbei, ihr Schüler, und bringt eurem Lehrer ein Ständchen,
bringt schrille Flöten mit, sanfter die Leier erkling!
Feiert mit Liedern gebührend den Tag der Geburt eures Lehrers:
Leite, Bacchus, den Chor! Phoebus, du führe den Tanz!
Du, dem der Lehrer am Herzen liegt, gestrenger Erzieher, (= R. Steiner)
nicke, du finsteres Bild, lächle mit tiefernstem Mund.

Das zweite Gedicht schrieb ich für einen Kollegen, der als Sprachgestalter an unserer Schule arbeitet:

AD LYDIAM

Rhetoris formosa recensque nata,
dulce corculum patris atque matris,
unde venisti, profuga, ad petendum,
Lydia, asylum?

Vatis an versus veteres Homeri
nuntiatum almi proavi? – puella
ridet, in somno recitare gaudet
balbula Graece.

AN LYDIA

Schönes Töchterchen eines Sprachgestalters,
süßes Herzblatt du deiner beiden Eltern,
woher kamst du, Lydia? Suchst Asyl du
bei uns als Flüchtling?

Oder willst du uns des Homers Gesänge
künden, deines Vorfahrn? – Das Mädchen lächelt:
schlafend freut es sich, stammelnd unverständlich,
Griechisch zu lallen.

Und als drittes das Gedicht, das ich für eine Kollegin verfasste, die Großmutter eines Enkels mit Namen Felix wurde.

AD CARINAM M.

Exsulta, felix avia:
nepotem dedit filia!
felici cum puerpera
dic carmina somnifera!

„Sint tibi, Felix, somnia
et grata et felicia!
te angelus custodiat,
ne draco te decipiat!"

AN KARIN M.

Frohlock' vor Glück nun, Großmama:
Der Enkelsohn ist endlich da!
So glücklich kam die Tochter nieder!
Singt ihm zusammen Wiegenlieder:

„Schlaf, Felix, schlafe glücklich ein
und träume süß, mein Kindelein!
Dein Engel soll dich stets bewachen,
dass dich nicht täusch' der alte Drachen!"

Dieses Gedicht ist zugleich ein Grammatik-Spiel, das mit den Formen des Adjektivs „felix" spielt.

10. Gedichte für die Eltern

Da aber zu einer Waldorfschule neben Lehrern und Schülern auch die Eltern als Mitglieder des Trägervereins entscheidend dazugehören, habe ich auch Eltern Gedichte gewidmet:

IN PATERAM FLORIBUS REPLETAM

Gratias dicens pateram obtulisti
floribus lasciva hederaque abundantem
hortulo e vestro viridi repletam hu-
mo Cereali.

Germinant horto violae rosaeque,
undique exsultant lepores, Venusque
ridet, invitat. mihi tu dedisti
visere vitam.

AUF EINE BLUMENSCHALE

Dankend gabst du mir eine Blumenschale,
die fast überquoll von den Efeuranken
und mit guter Erde gefüllt war aus dem
eigenen Garten.

Und es wuchsen Rosen und Alpenveilchen
überall in Garten und Küche, Häschen
sprangen ringsumher, und die Lebensgöttin
ließt du mich sehen.

Diese Beispiele sollten zeigen, wie mein „amor paedagogicus" gleichsam die ganze Schule, Schüler, Lehrer, Eltern sogar Kunstgegenstände liebevoll umarmt und in den Erziehungsprozess einzubeziehen sucht.

11. Latein für Kindergarten und Grundschulkinder

Da bleibt nur noch eine Menschengruppe übrig, die zu dieser Schule dazugehört und noch nicht erwähnt wurde: Die Kindergarten- und Grundschulkinder, die noch zu klein sind für den Lateinunterricht.
Auch für diese Kinder habe ich einen kleinen Kurs für „Frühbeginnendes Latein" entworfen (analog zum frühbeginnenden Fremdsprachenunterricht, wie er jetzt auch an staatlichen Schulen angeboten wird). Es ist eine pädagogische

Utopie – für Deutschland, während in den angelsächsischen Ländern Latein auch im Primarbereich unterrichtet wird.

Die Einführung ist für Vorschul- oder Erstklasskinder gedacht und beginnt mit Fingerspielen, von denen ich hier nur drei vorstellen möchte, um exemplarisch zu zeigen, wie ich von der ersten Stunde an mit jedem Wort den Grund lege, auf dem alle Fächer weiter aufbauen können.

LUDI DIGITALES
I
Lyram pulso pollice,
gusto cibos indice,
medius est maximus,
medioque proximus
medicus paenultimus, –
ecce nanus minimus!

FINGERSPIELE
I
Die Leier schlage ich mit dem Daumen,
probier die Speisen mit dem Zeigefinger,
der Mittelfinger ist der größte,
dem Mittelfinger der nächste
ist der Ring (Heile-)finger, der vorletzte, –
sieh da, der Kleine Finger, der Winzling!

Das Wort *lyra* ist das erste lateinische – eigentlich griechische – Wort, das die Kinder hören. Denn die Leier ist das erste Instrument, mit dem die Schüler in der ersten Klasse vertraut gemacht werden und das sie erinnern soll an die Sphärenharmonie, deren Klänge sie vielleicht noch von ferne ahnen, da sie der geistigen Welt noch näher sind als Erwachsene. So bereite ich von der ersten Stunde an die Lektüre von Ciceros *Somnium Scipionis* vor.

Und die erste Handlung, deren sich die Kinder bewusst werden sollen, ist das Anschlagen der Leiersaiten „pulsare" mit ihrem kräftigsten Finger, dem Daumen. Tast- und Hörsinn nehmen die sich entgegenstellende Welt wahr und erleben sie zugleich als vom Subjekt gestaltet. Die Kinder spüren sich zugleich als Subjekt und Objekt: Damit beginnt die Grammatik: nicht mit verstandesmäßiger Erkenntnis, sondern mit Hand und Ohren wird erfahren,was ein Subjekt und Objekt ist.

lyram pulso pollice: Das Wort *pollex* ist abgeleitet von *polleo, potens sum*. Die erste Selbsterfahrung ist ein Erfolgserlebnis: „Ich bin stark, ich bin die Urheberin von Handlung, ich bin eine gute Schülerin, die etwas kann!"

gusto cibos indice: Die Kinder schmecken Welt und verleiben sie sich gleichsam ein, indem sie von Welt und Objekten affiziert werden. Speisen sind das erste Objekt, das die Kinder wahrnehmen. Dieser Satz enthält in nuce alle Probleme der Erkenntnistheorien. So säe ich schon in der ersten Grundschulklasse, was in der zwölften Klasse sich zur Blüte entfalten soll.

Und bei dem Wort *index* könnte ich über die Bedeutung der Deixis in der Sprache und Philosophie sprechen, doch das sei hier nur kurz angedeutet.

medius est maximus: Durch diesen Satz lernen die Kinder die Anfangsgründe der Mathematik. Dieses Bild der Hand und der unterschiedlichen Größe der Finger wird ihnen wieder begegnen im Fingergleichnis Platons. Dann erinnern sie sich vielleicht dieses lateinischen Fingerspiels und erkennen nachträglich, dass sie damals ihre erste Mathematikstunde erlebt haben.

medioque proximus: Auch die Begriffe des Mittleren und des Nächsten sind mathematische Begriffe, aber der „Nächste" ist zugleich auch ein theologischer Begriff. Die Frage „Wer ist mein Nächster?" ist eine der zentralen Fragen des Neuen Testaments. Und so, wie der größte Finger neben einem kleineren steht, so ist es Pflicht des Stärkeren, dem Schwächeren zu helfen.

medicus paenultimus: Der Ringfinger heißt bei den Römern auch „Heilefinger", weil er Ringe mit heilenden Edelsteinen trug. Diese alte Kunde von der heilenden Kraft der Edelsteine wird heute wieder entdeckt als alternative Methode der Medizin, mit der die Kinder so von Anfang an vertraut gemacht werden sollen als einer Möglichkeit neben der wissenschaftlichen Schulmedizin.

paenultimus ist wieder ein mathematischer Begriff, der Verwendung findet, wenn man Reihen von Dingen bildet, die die Vorstufe zu Zahlenreihen und zum eigentlichen Rechnen sind.

ecce nanus minimus! Der letzte und kleinste Finger ist der Finger, mit dem sich die Kinder am leichtesten identifizieren können: So wie in diesem Fingerspiel alle auf den Kleinen Finger blicken, der liebevoll betrachtet, gehegt und gepflegt wird, so werden auch die kleinen Kinder von ihren Eltern und Lehrern liebevoll betreut. Ich habe bei diesem Satz an das Bibelwort (Mt.18,2ff) gedacht: Und Jesus rief ein Kind herbei, stellte es in ihre Mitte und sagte: „Wer sich selbst erniedrigt wie dieses Kind hier, der ist der Größte im Himmelreich." Außerdem soll das Wort des Pilatus anklingen: *Ecce homo!*

Noch zwei weitere Fingerspiele möchte ich vorstellen: Über den Zeigefinger und den „Probierer", wie der Zeigefinger auch genannt wurde bei den Römern.

INDEX DEMONSTRAT

Monstro nigrum hominem,
rubicundam virginem
candidumque iuvenem,
gilvam pulchritudinem:
fecit Deus ordinem
ad suam imaginem.

DER ZEIGEFINGER ZEIGT

Ich zeige auf einen schwarzen Menschen,
auf ein rotes Mädchen,
auf einen weißen Jungen,
auf eine gelbe Schönheit:
Gott hat diese Rassen geschaffen
nach seinem Ebenbild.

Mit diesem Spiel, in dem es erlaubt ist, mit dem Finger auf Menschen mit verschiedenen Hautfarben zu zeigen, will ich schon in frühester Kindheit Rassismus und Diskriminierung fremder Bevölkerungsgruppen bekämpfen.

GUSTATOR

Mella gusto dulcia,
mala nimis acria,
sales et acerbas
salutares herbas.
*
Pultem probo calidam
glaciemque frigidam.
*
Seratur porta garrula
custodia tacitula.

DER PROBIERFINGER

Ich probiere süßen Honig,
allzu saure Äpfel,
Salziges und bittere
Heilkräuter.
*
Ich prüfe den heißen Brei,
das kalte Eis.
*
Das geschwätzige Tor wird verschlossen
mit schweigsamer Wache.

Der Probierfinger führt den Kindern zum Munde Süßes, Saures, Salziges, Bitteres, Warmes und Kaltes. Und er schließt auch den Mund, weil er nicht nur die Nahrung schmecken, sondern auch sprechen und schwatzen kann. Der Finger ist gleichsam ein Schlüssel und Riegel, der den Mund schließt, weil es für die Kinder manchmal schwieriger ist zu schweigen, als sich sprachlich auszudrücken.

An einigen Beispielen habe ich hier gezeigt, wie ich in meinem Lateinunterricht das waldorfpädagogische Konzept des „künstlerischen" Unterrichts in besonderer Weise umzusetzen versucht habe: indem sich nämlich Kunst im Unterricht ereignet, – was bei diesem Konzept nicht unbedingt geschehen muss: schon das kreative Handeln zwischen Lehrern und Schülern im Unterricht erfüllt die Bedingung eines „sozialen Kunstwerkes".

Eine theoretische Begründung meiner Methode erschien mir nicht sinnvoll, da es eben kein wissenschaftliches, sondern ein künstlerisches Konzept ist, das sich in den Kunstwerken der Texte manifestiert und in der persönlichen Begegnung der Schüler mit diesen Kunstwerken seine Wirkung entfaltet.

Was kann bei einem solchen Unterricht „herauskommen"? Es kommen Menschen (im wahrsten Sinne dieses Wortes!) heraus, die einem Menschen begegnet sind, der ihnen seine Erfahrung mit der lateinischen Sprache, Literatur und Kultur vermittelt hat, der versucht hat, jedem Schüler auf besondere Weise das mitzugeben, was für ihn wichtig sein könnte. Es kommen Menschen heraus, die ein persönliches Verhältnis zur lateinischen Sprache gewonnen haben und bestrebt sein werden, diese Erfahrung anderen weiterzugeben, mit einem Wort: gebildete Menschen.

12. Literaturhinweise

Literatur zur Einführung in waldorfpädagogischen Fremdsprachenunterricht:

STEINER, R.: Geisteswissenschaftliche Sprachbetrachtungen. 3. Aufl. Dornach 1970.

GABERT, E.: Verzeichnis der Äußerungen Rudolf Steiners über den Fremdsprachenunterricht. Stuttgart 1963.

KIERSCH, J.: Zum Fremdsprachenunterricht. Stuttgart 1984.

drs.: Fremdsprachen in der Waldorfschule, Rudolf Steiners Konzept eines ganzheitlichen Fremdsprachenunterrichts. – Stuttgart 1992.

DÜHNFORT, E.: Der Sprachunterricht als Kunstwerk. Grammatik im Rahmen der Waldorfpädagogik. – Stuttgart 1980.

ZIMMERMANN, H.: Grammatik, Spiel von Bewegung und Form. Dornach 1997.

Veröffentlichungen der Verfasserin:

Musa exsul. Carmina Latina. – Würzburg 1982.

Mein Marburger Horaz. Übersetzungen ins Deutsche. – Marburg 1990.

Harmonica vitrea. Carmina Latina. – Studien zur klassischen Philologie, Nr. 65, Frankfurt/New York/Paris 1992.

Katulla, Catull-Übersetzungen ins Deutsche und Weibliche. – Marburg 1992.

Latein-Eurythmie. In: Erziehungskunst, H. 2, 1995, S. 151 ff.

In reliquiis Troiae. Deutsch-lateinische Gedichte. – Heidelberg 1995.

Ars paedagogica, Erziehungskunst, Lateinisch-deutsche Gedichte und Prosatexte für Schüler, Lehrer und Unterricht. – Würzburg 1998.

Andreas Fritsch / Ulrike Wagner

Latein auch sprechen!

Impulse aus der Officina Latina

Seit dem Hamburger Kongress im Jahr 1990 nimmt die Officina Latina einen festen Platz auf den Kongressen des Deutschen Altphilologenverbandes ein; ‚neudeutsch' könnte man sie als *Workshop for Spoken Latin* bezeichnen. Dieser Arbeitskreis dient hauptsächlich dem Erfahrungs- und Informationsaustausch über neue Ansätze und Möglichkeiten des Lateinsprechens im schulischen Lateinunterricht. Da auf diesem Gebiet in den letzten Jahren einiges in Bewegung gekommen ist,[1] dürfte es sich empfehlen, die Officina Latina auch für künftige Kongresse als ständigen Arbeitskreis vorzusehen. Im Sinne der Lehrerfortbildung hat sie auch das Ziel, denjenigen Teilnehmern, die sonst wenig oder gar keine Gelegenheit haben, die *Latinitas viva* kennen zu lernen, diese Form der Beschäftigung mit der lateinischen Sprache zu demonstrieren und näher zu bringen.

Im Folgenden soll zunächst ein knapper Überblick über die ersten vier Arbeitskreise (von 1990 bis 1996) gegeben werden, die jeweils ein unterschiedliches Programm und ein eigenes Gepräge hatten, so dass sich hier bereits eine erfreuliche Entwicklung feststellen lässt. Sodann werden die wichtigsten Anregungen aus der fünften Officina in Heidelberg mitgeteilt, die sich hauptsächlich (I.) mit der praktischen Anwendung unterrichtsbezogener Redewendungen beschäftigte und (II.) mit der Frage, inwieweit die seit 1995 erschienenen neuen Lehrbücher für das „lebendige Latein" förderlich sind.

1. Latinitas viva auf den DAV-Kongressen seit 1990

Die Gründer der Officina Latina in **Hamburg** (1990) waren vonseiten der Fachwissenschaft KLAUS SALLMANN (Mainz) und vonseiten der Fachdidaktik ANDREAS FRITSCH (Berlin). Die Zahl der Teilnehmer an der ersten Officina war so überwältigend groß – sie lag bei etwa 200 –, dass an einen „Arbeitskreis" im eigentlichen Sinne gar nicht zu denken war. Es wurde aber erkennbar, dass es im Kreis der Altphilologen ein neu erwachtes Interesse an der Frage des gesprochenen Lateins gab. An der Gestaltung der ersten Officina beteiligten sich mehrere Referenten durch vorbereitete kurze lateinische Statements, die dann durch spontane Wortmeldungen aus dem Teilnehmerkreis ergänzt und vertieft wurden. K. SALLMANN hat anschließend einen 23 Seiten umfassenden Bericht in lateinischer Sprache herausgegeben mit Kurzbeiträgen von K. SALLMANN, A. FRITSCH, C. EICHENSEER (Saarbrücken), J. BUCHNER (München), B. MEISSNER (Flensburg), W. FLURL (München), S. ALBERT (Saarbrücken), R. PFISTER (München), R. SENONER (Meran), H. QUACK (Husum), J. MALL (Altbach), I. PESSARRA-GRIMM (Kamen), V. ANGELINO (Piemont), TH. SACRÉ (Antwerpen), P. HRANDEK (Wien), P. MARONGIU (Florenz), D. ALEXA (Werne), G. LICOPPE (Brüssel).[2] Die hier genannten Personen waren bereits früher durch einschlägige Vorträge und Seminare bzw. Veröffentlichungen hervorgetreten. W. STROH (München), der Begründer der *Ludi Latini*, beteiligte sich intensiv an der Diskussion.[3] Zugleich wurde deutlich, dass die *Latinitas viva* gerade aus internationalen Verbindungen starke Kräfte zieht. Bewährt sich doch das Lateinsprechen im Kontakt mit ausländischen Gesprächsteilnehmern besonders eindrucksvoll.[4] Es traf sich glücklich, dass genau zum Tag des Kongressbeginns der Auxilia-Band zum „Lateinsprechen im Unterricht"[5] erschienen war und dadurch nicht nur ein Überblick über die Entwicklung der didaktischen Diskussion hinsichtlich des *Latine loqui* in den letzten Jahrzehnten, sondern zugleich auch eine Sammlung unterrichtspraktischer Vorschläge vorlag. Dieser Band hat in den folgenden Jahren die Bemühungen um die *Latinitas viva* im Lateinunterricht nicht unwesentlich mitbeeinflusst.[6]

Die Fülle und Vielfalt der Beiträge des Hamburger Kongresses legten es nahe, die zweite Officina in **Berlin** (1992) bewusst anders zu gestalten und auf *einen* lateinischen Vortrag mit Diskussion zu konzentrieren. Hierfür konnte ein Referent gewonnen werden, der nicht hauptberuflich in der Vermittlung der lateinischen Sprache und Literatur tätig ist, der das Lateinische aber fließend in Wort und Schrift beherrscht, der Saarbrücker Rechtswissenschaftler Prof. Dr. JOHANNES PAUL BAUER.[7] Er sprach über den Gebrauch des Lateinischen in der Kulturgeschichte Polens (*De Polonorum condicionibus quibusdam Latinitatis*), ein Thema, das zwar durchaus auf Interesse stieß (wie an der anschließenden lateinischen Diskussion abzulesen war), aber im Ganzen doch nur wenig Bezug zum heutigen Lateinunterricht hatte.[8]

Die dritte Officina in **Bamberg** (1994) sollte daher wieder stärker den konkreten unterrichtlichen Möglichkeiten der *Latinitas viva* gewidmet sein. Deshalb wurde wieder eine größere Zahl von Referenten eingeladen, die unterschiedliche Ansätze vortragen konnten. So behandelte TORSTEN EGGERS (Hamburg) Chancen, Schwierigkeiten und Grenzen der *Latinitas viva* anhand praktischer Erfahrungen vor allem im Anfangsunterricht der Klassen 5 und 6 des Gymnasiums sowie die Konsequenzen für den Unterricht in der Mittel- und Oberstufe. Ausgangspunkt war das Unterrichtswerk „Redde rationem". Auch ELFRIEDE SCHMITT (Rheinland-Pfalz) stellte erprobte Versuche vor, wie man mit Kindern einer 5. Klasse Latein als Kommunikationsmittel verwenden und das Vorurteil von der sog. „toten" Sprache relativieren kann. Dazu gehören kurze Dialoge und eine für den Lateinunterricht recht unkonventionelle Übung mit Stofftieren. SIGRID ALBERT (Saarbrücken) zeigte am Beispiel unterschiedlicher Sprachspiele, wie man Mitgliedern heterogener Gruppen – auch außerhalb des schulischen Lateinunterrichts – den Gebrauch der lateinischen Sprache nahe bringen kann. ANTON WAGNER (Bayern) brachte mit einigen Schülern der 8. und 9. Klasse ein kurzes lateinisches Nikolausspiel auf die Bühne. ROBERT MAIER (Frankfurt am M.) sprach über Erfahrungen mit dem internationalen lateinischen Briefwechsel unter Schülern. CAELESTIS EICHENSEER (Saarbrücken), der Schriftleiter der lateinischen Zeitschrift *Vox Latina*, seit Jahrzehnten bekannt durch die von ihm geleiteten internationalen Lateinsprechseminare, sprach hier über die Notwendigkeit, dass der Lehrer selbst die lateinische Sprache aktiv beherrschen müsse, wenn er sie *modo vivo* lehren wolle, und erörterte auch die Fragen, wie und wo der Lehrer das lernen und ohne direkten Gesprächspartner weiter üben könne. ULRIKE WAGNER (Erlangen) berichtete von praktischen Sprechübungen mit Lehramtsstudenten (*Colloquium Latinum*), wobei Ziele, Inhalte und Lehrmittel des schulischen Lateinunterrichts zur Sprache kamen. DIETMAR ALEXA (Werne/Lippe) stellte die von ihm mitbegründete L.V.P.A. (*Latinitati Vivae Provehendae Associatio* e.V.) vor, die neben anderen Aktivitäten eine Reihe internationaler Lateinseminare durchgeführt hat (u. a. in Wien, Prag und Den Haag).[9]

Die Officina des DAV-Kongresses von **Jena** (1996) wollte ursprünglich das breit gefächerte Angebot des Bamberger Arbeitskreises wieder etwas reduzieren, tatsächlich wurde diese Officina aber durch den *genius loci* die bisher reichhaltigste: Sie fand nicht am thüringischen Kongressort Jena, sondern im benachbarten Bundesland Sachsen-Anhalt statt, in der berühmten ehemaligen Fürstenschule **Schulpforte**, die einst von Fichte, Nietzsche, Wilamowitz u. a. besucht worden war.[10] Moderatoren waren diesmal DIETMAR ALEXA und ANDREAS FRITSCH. Mehr als hundert Kongressteilnehmer kamen zu dieser Officina in der heutigen Landesschule. Hier boten zunächst die Internatsschüler selbst beeindruckende Beispiele lebendigen Lateins. Zur Einleitung sang der Chor einige lateinische Stücke. Nach der Begrüßungsansprache des *rector Portensis* KARL BÜCHSENSCHÜTZ folgte ein lateinisches Theaterstück *Quomodo Hercules stabula Augiae purgavisset*, aufgeführt von einer 9. Klasse, einstudiert von UTE GLÜER. – Im didaktischen Programm stellte ULRIKE WAGNER eine neue Auswahl unterrichtlicher Redewendungen vor. ROLAND GRÖGER (Neustadt/Waldnaab) berichtete über originelle Methoden seines Lateinunterrichts (u. a. selbst verfasste Texte zu modernen Melodien, lat. Kommentierung von Fußballspielen, Nachrichten auf Latein). T. EGGERS zeigte, wie man bei der Lektüre einer zweisprachigen Ausgabe von Petrons *Cena Trimalchionis* mit einer 11. Klasse das Latein aktiv gebrauchen kann. Ein lateinischer Rap, den EDGAR BARWIG (Wilhelmshaven) mit seinen Schülern auf Tonband aufgenommen hatte, rundete die *Officina Portensis* ab.[11] – Unabhängig von der Officina bot der Jenaer Kongress im Rahmen des „normalen" Programms – erstmals seit undenklicher Zeit – auch einen lateinischen Vortrag: ULRIKE WAGNER sprach „*De urbibus Germaniae humanitate distinctis*", worin sie unter Einbeziehung von neulateinischen Inschriften und Urkunden die beiden Kongressstädte Bamberg (1994) und Jena (1996) miteinander verglich.[12] Eine unverhofft starke Unterstützung bekam die *Latinitas viva* auf diesem Kongress durch die teilweise in lateinischer Sprache gehaltene Begrüßungsansprache des Thüringer Ministerpräsidenten BERNHARD VOGEL, der auch die Schirmherrschaft über den Kongress übernommen hatte.[13]

2. Latinitas viva auf dem Heidelberger DAV-Kongress 1998

Auch der Heidelberger DAV-Kongress war in erfreulicher Weise von der *Latinitas viva* mitgeprägt. Besonders hervorzuheben ist der lateinische Vortrag von WOLFGANG DIETER LEBEK: „*De Cicerone auctore humanitatis Europaeae*"[14] in der Aula der Neuen Universität. Außerdem referierte ANNA ELISSA RADKE, Lateinlehrerin an der Waldorfschule in Marburg, in einem ganz in lateinischer Sprache abgehaltenen Arbeitskreis über ihr originelles (an Rudolf Steiners Ideen orientiertes) Konzept des Lateinunterrichts, dem von Anfang an einige von ihr selbst geschaffene lateinische Gedichte zugrunde liegen: „*Ars nova vel alternativa linguam Latinam docendi – Latine loquamur de institutione linguae Latinae!*"[15] Nicht übergangen werden darf in diesem Zusammenhang die Ehrung des Altbundespräsidenten RICHARD VON WEIZSÄCKER mit dem Humanismuspreis, ohne Zweifel ein Höhepunkt dieses wie aller bisherigen DAV-Kongresse. FRIEDRICH MAIER, der Bundesvorsitzende des Verbandes, überreichte dem Preisträger eine lateinische Urkunde, die – ganz im Sinne der Bestrebungen der Officina Latina – als *testimonium Latinitatis vivae* zu werten ist. Ihr Text hatte folgenden Wortlaut:[16]

HIS LITTERIS

PRAEMIVM HVMANITATIS

ADIVDICAMVS

DOMINO ILLVSTRISSIMO ATQVE HVMANISSIMO

RICHARD VON WEIZSÄCKER

PRAESIDENTI PRISTINO

REI PVBLICAE GERMANICAE FOEDERATAE

QVI RES CIVILES SEMPER ET VBIQVE

CVM ANIMI CVLTVRA CONIVNGENS

CIVIBVS SVIS CLARVM EXEMPLVM HVMANITATIS

ANTE OCVLOS POSVIT

QVI ARTIBVS LIBERALITER INSTITVTVS

IN LITTERIS ANTIQVORVM ET RECENTIORVM VERSATVS

MVLTIS AC VARIIS MVNERIBVS PVBLICIS FVNCTVS

SVMMVM DENIQVE CIVITATIS HONOREM ADEPTVS

LIBERALITATE, AVCTORITATE

MAXIMEQVE ORATIONIS GRAVITATE

SALVTI VNIVERSAE CIVITATIS

ET OMNIVM CIVIVM

PRVDENTER INDVSTRIEQVE CONSVLVIT

3. Die Officina Latina Heidelbergensis

Die Officina hatte diesmal zwei thematische Schwerpunkte: Im ersten Teil befasste sich U. WAGNER mit der praktischen Anwendung unterrichtsbezogener Redewendungen (*Locutiones scholasticae*), im zweiten Teil behandelte A. FRITSCH die Frage, ob und ggf. in welcher Hinsicht die seit 1995 erschienenen neuen Lateinbücher das „lebendige Latein" im Unterricht fördern.

In der lateinischen Begrüßung der etwa 70 Teilnehmer brachte A. FRITSCH den großen Didaktiker **Jan Amos Comenius** (1592–1670) in Erinnerung, der in den Jahren 1613/14 in Heidelberg studiert und hier im Alter von 22 Jahren sein theologisches Studium abgeschlossen hat. COMENIUS spielt bekanntlich in der Geschichte des Lateinunterrichts und seiner Didaktik eine bedeutende Rolle.[17] Die Bezeichnung des Arbeitskreises als *Officina* passt gut zu dem berühmten Ausspruch des COMENIUS, dass die Schulen Werkstätten der Humanität sein sollen (*scholas esse humanitatis officinas*).[18] COMENIUS hat immer wieder betont, dass auch die lateinische Sprache sehr wohl „*usu et consuetudine*" leichter und angenehmer gelehrt und gelernt werden könne. Dies sollte in der Epoche des nur rezeptiven Lateinlernens nicht gänzlich vergessen werden.[19] Als der junge mittellose COMENIUS nach Abschluss seines Studiums Heidelberg verließ, kaufte er hier von der Witwe des eben verstorbenen Professors Jacob Christmann mit seinem letzten Geld die Originalhandschrift „*De revolutionibus orbium coelestium*" des NICOLAUS COPERNICUS (1473–1543) und wanderte mit ihr zu Fuß in seine tschechische Heimat zurück. Die lateinische Originalhandschrift dieses nun *re vera* „kopernikanischen" Werkes, das ja zugleich ein beredtes Zeugnis der *Latinitas viva atque perennis* aus dem 16. Jahrhundert darstellt, wurde im Jahr 1957 von der damaligen Tschechoslowakei der Volksrepublik Polen geschenkt und befindet sich seitdem in der Jagellonischen Bibliothek in Krakau.[20]

Erster Teil: Locutiones scholasticae

In welcher Form soll nun das Motto „*Latein auch sprechen!*" im heutigen Unterricht verwirklicht werden? Viel versprechend jedenfalls klingt es in den meisten Fällen am Anfang einer jeden Lateinstunde, wenn Schüler und Lehrer sich mit *Salvete, discipulae et discipuli!* und mit *Salva sis, magistra!* oder *Salve, magister!* begrüßen. Doch damit ist die lateinische Konversation bereits oft erschöpft und wird höchstens am Ende der Stunde mit den entsprechenden Verabschiedungsformeln noch einmal aufgenommen. Dazwischen bleibt ohne Zweifel ein großer Spielraum, der sehr inviduell für das gesprochene Latein genutzt werden könnte.

So ist es vorstellbar, dass der Lehrer einmal eine kurze Geschichte aus der Zeit der alten Römer auf Lateinisch erzählt oder ein Sachkapitel aus dem Unterrichtswerk in lateinischer Sprache referiert. Schüler können überdies lateinische Fragen zu einem Lesestück auf Lateinisch beantworten, das Bilden sinnvoller lateinischer Sätze aus einer Reihe vorgegebener Wörter üben sowie einfache Dialoge und Szenen in lateinischer Sprache gemeinsam mit ihrem Lehrer verfassen und aufführen. Dass dieser Spielraum allerdings sehr oft nicht in dem eben beschriebenen Sinne genutzt wird, hat viele Gründe, die keineswegs auf der ablehnenden Haltung des Lateinlehrers gebenüber dem gesprochenen Latein beruhen müssen. Doch Latein in diesen Formen aktiv zu betreiben, kostet, so befürchtet man nicht zu Unrecht, zu viel Zeit bei den ohnehin nur wenigen Wochenstunden im Fach Latein. Hinzu kommt, dass Handreichungen und Begleitmaterial für den Lehrer zu diesem Thema ein Desiderat sind und die für unseren Lateinunterricht zugelassenen Unterrichtswerke in erster Linie dem Ziel der systematischen Durchnahme grammatischer Phänomene und dem Erlernen des aufgrund der Lektüre klassischer Schulschriftsteller kanonisierten Wortschatzes dienen.[21] Vieles bleibt somit auf dem Gebiet des Lateinsprechens der Eigeninitiative des Lehrers überlassen, wobei erschwerend die Tatsache hinzukommt, dass eine obligatorische Ausbildung der Lehramtskandidaten im kreativ aktiven Umgang mit der lateinischen Sprache nicht vorgesehen ist, so dass im Bedarfsfall auf eine entsprechende Routine nicht zurückgegriffen werden kann.

Auf der Suche aber nach einem Verfahren, das möglichst wenig zeitaufwendig ist und von der ersten Lateinstunde an täglich angewandt werden kann, stoßen wir auf eine alte und jahrhundertelang gepflegte Methode. Es ist die der *Locutiones scholasticae*, d. h. des täglichen Einsatzes immer wiederkehrender Wendungen der Unterrichtssprache. Waren diese aber einst eingebunden in die Ausbildung zum Lateinsprechen und Lateinschreiben und wesentlicher Bestandteil der Erziehung zu einer bestimmten Geisteshaltung wie etwa zur *sapiens atque eloquens pietas* im Sinne eines Philipp Melanchthon[22], so sind das *Latine loqui* und seine *Locutiones scholasticae* im heutigen Schulunterricht in den Dienst seiner veränderten Zielrichtung zu stellen, nämlich Latein als „Schlüsselfach der europäischen Tradition"[23] aufzuzeigen. So kann an ihnen unter anderem der Ursprung und die Weiterentwicklung der grammatischen Terminologie gezeigt werden sowie der ein oder andere Ausdruck unseres Kulturwortschatzes eingebracht werden, dessen Kenntnis den Schülern sonst wegen der Beschränkung des Wortschatzes auf die klassische Antike verborgen bliebe. Redewendungen und Ausdrücke vergangener Schultage waren einst eingebettet in ihren damaligen gesellschaftlichen Kontext. Und wenn auch heute noch lateinische Schülergespräche aus früheren Jahrhunderten dem modernen Unterrichtsgespräch zahlreiche Anregungen liefern, so können sie doch oftmals nicht unverändert übernommen werden, sondern müssen nicht selten gekürzt und an das heutige gesellschaftliche Umfeld angepasst werden.

Doch einst wie heute macht ihre Verwendung dem Schüler deutlich, dass Latein eine Sprache ist, mit der wir uns verständigen können, und mehr noch, dass ein genaues Beachten der Ausgänge und Endungen der lateinischen Wörter für das Verständnis der Sprache unentbehrlich ist. Folglich kann der rege aktive Gebrauch von Redewendungen mit dazu beitragen, dass auch in der Lektürephase die sprachlichen Signale lateinischer Flexionsformen genauer wahrgenommen werden.

Im **Anhang** zu diesem Beitrag (S. 100 ff.) findet sich der Auszug einer Zusammenstellung von lateinischen Redewendungen und Formulierungen des Schulalltags, die seit ihrer ersten kurzen Präsentation auf dem Kongress des DAV in Jena im Jahre 1996 verändert und erweitert worden sind.[24] Dabei sind die langen Vokale eigens gekennzeichnet, um von Anfang an den Schüler zur richtigen Aussprache anzuleiten und ihm letztendlich den Weg zum richtigen Lesen metrischer Texte zu ebnen. In ihrer Anordnung richten sich die Redewendungen nach dem Ablauf einer Grammatikstunde. In der Spracherwerbsphase dürfte ihr Einsatz besonders effizient sein, wenn Schüler, wie es in der LdL-Methode[25] vorgesehen ist, die Rolle des Lehrers übernehmen und ebenfalls die für ihn bestimmten Wendungen aktiv gebrauchen.

Es wurde darauf geachtet, dass die *Locutiones scholasticae* nach Möglichkeit in der antiken Literatur belegt sind und sich solche Formulierungen, die die Grammatik betreffen, an den Sprachgebrauch der lateinischen Grammatiker wie DONAT (4. Jh.n.Chr.), PRISCIAN (6. Jh.n.Chr.) und ALEXANDER DE VILLA DEI (12./13 Jh.) anlehnen.

Ohne Zweifel enthält die hier vorgelegte Zusammenstellung von Redewendungen viele Ausdrücke, die Schüler üblicherweise nicht im ersten Lateinjahr lernen, und manche Wörter, die bei den klassischen Schriftstellern und ihren Werken, die wir in der Schule lesen, an keiner Stelle erwähnt sind. Da aber die Gesten und Gebärden des Lehrers sowie der zeitliche und örtliche Kontext das Verständnis dieser Redewendungen wesentlich erleichtern, können die *Locutiones* ohne große Erklärungen in zahlreicher Form von Anfang an verwendet werden.

Zweiter Teil: Latinitas viva und die neuen Lateinbücher

Der zweite Teil der Officina 1998 war der Frage gewidmet, ob und ggf. wie die seit 1995 erschienenen Lateinbücher die *Latinitas viva* fördern (*quid libri ad usum Latine discentium in Germania novissime editi ad rationem viva voce docendi conferant*). Hierfür wurden (mit Hilfe von Overhead-Folien) Beispiele aus den folgenden sieben Unterrichtswerken herangezogen.[26] Das Erscheinen so vieler Unterrichtswerke innerhalb so kurzer Zeit und die große Zahl der Autoren verdient an sich schon als erfreuliches *Lebens*zeichen einer so oft *tot*gesagten Sprache hervorgehoben zu werden.

1. **Arcus.** Eine Einführung in Latein als 2. Fremdsprache. Von Jürgen Brandes, Dieter Gaul und Jürgen Steinhilber. Teil I: Texte und Übungen. Frankfurt a. M.: Diesterweg 1995.
2. **Cursus Continuus.** Ausgabe A. Hg. von Gerhard Fink und Friedrich Maier. Bearbeitet von Dieter Belde, Gerhard Fink, Andreas Fritsch, Hartmut Grosser, Rudolf Hotz, Hubertus Kudla, Friedrich Maier, Wolfgang Matheus, Andreas Müller, Peter Petersen, Hans-Dietrich Unger, Andrea Wilhelm. Teil I: Texte und Übungen. München: Oldenbourg 1995.
3. **Felix.** Ausgabe A. Hg. von Klaus Westphalen, Clement Utz und Rainer Nickel. Erarbeitet von Josef Burdich, Klaus-Uwe Dürr, Ingrid Hesekamp-Gieselmann, Rainer Nickel, Helmut Quack, Ulrich Tipp, Clement Utz. Teil I. Das Lateinbuch. Bamberg: C. C. Buchner 1995.
4. **Interesse.** Lehrwerk für Latein als 2. Fremdsprache in drei Bänden. Band l. Von Dieter Lohmann, Lilian Balensiefen, Matthias Bausenhart, Dieter Elsässer, Kristine Schulz, Erika Spengelin-Rogger, Hans Dieter Stöver, unter Mitarbeit von Ulrike Fleißner. München: Lindauer 1996.
5. **Iter Romanum.** Lehrwerk Latein (2. Fremdsprache). Texte und Übungen. Grammatik und Vokabeln. Hg. von Jürgen Vogel, Benedikt van Vugt, Theodor van Vugt. Autoren: Astrid Grohn, Henry Grohn, Ulrich Herz, Jürgen Vogel, Benedikt van Vugt, Theodor van Vugt. Paderborn: Schöningh 1996.
6. **Itinera.** Lateinisches Unterrichtswerk für Latein als 3. Fremdsprache. Teil 1: Texte und Übungen. Von Dieter Kolschöwsky, Angela Steinmeyer, Hermann Tischleder, Klaus Weddigen. Stuttgart: Klett 1997.
7. **Salvete.** Texte und Übungen. Gesamtband. Von Alfred Bertram, Manfred Blank, Gabriele Erasmus-Sarholz, Armin Höfer, Gisa Lamke, Erika Schmidt, Elisabeth Zwölfer, unter beratender Mitarbeit von Doris Bonz-Ammon, Peter Broghammer, Werner Fortmann, Ernst Gebhardt, Ansgar Lenz, Beate Promberger. Berlin: Cornelsen 1995.

Als Ergebnis lässt sich feststellen, dass die neuen Lehrwerke zwar nicht viele, aber immerhin doch einige bemerkenswerte Anregungen und Gelegenheiten zum Lateinsprechen bieten. Im Prinzip folgen alle Werke dem *mainstream* der altsprachlichen Fachdidaktik (seit 1925), wonach es eben gerade nicht auf *aktive* Verwendung und schon gar nicht auf Beherrschung der alten Sprache ankommt. Es geht – neben der Vermittlung interessanten Kulturwissens – im Wesentlichen ‚nur' um *rezeptive* Sprach- und Grammatikkenntnisse, um Sprachreflexion und die Fähigkeiten zur Dekodierung und Rekodierung lateinischer Texte, im Idealfall ums „Lesenkönnen".[27] Manche Lehrwerke vermeiden geradezu ängstlich jede Erinnerung an den früheren deutsch-lateinischen Übersetzungsbetrieb.[28]
Trotzdem finden sich in allen Werken durchaus Texte, Übungen und Aufgaben, die der sprachkompetente Lehrer für die Verlebendigung und die situationsbezogene Aktivierung des Lateinischen nutzen kann. Insofern scheint sich auch hier als Konsens der Fachdidaktik immerhin „eine wohlwollende Toleranz des Lateinsprechens" widerzuspiegeln.[29] Es hängt also – um den Vergleich mit der

alten Musik aufzunehmen – auch in Zukunft von den Lateinlehrerinnen und -lehrern selbst ab, ob sie das in den Lehrbüchern gebotene Latein wieder „aufführen", ob sie es gewissermaßen aus den „Partituren" der Lehrbuch- und Originaltexte ins heutige Leben rufen und damit dann auch noch hin und wieder einmal „improvisieren"[30] wollen und – können. „Lateinsprechen" mag kein „Lernziel" im strengen Sinne sein (auch Freude, Witz, Lachen sind keine amtlich vorgeschriebenen und in Klausuren abprüfbaren Lernziele), es gehört aber durchaus zu den „affektiven Unterrichtskomponenten". Es kann oder muss sogar „eine sinnvolle Ergänzung und Bereicherung des Lateinunterrichts sein. Man könnte es mit den *Spurenelementen* vergleichen, die bekanntlich für das organische Leben unentbehrlich sind, dem Organismus aber nur in kleinsten Mengen (,Spuren') zugeführt zu werden brauchen."[31] So könnte man das Lernziel des *Latine loqui* in der Schule vielleicht in aller Bescheidenheit so formulieren: „Der Lehrer soll den Schülern durch die Art seiner Unterrichtsgestaltung Gelegenheit geben, das Lateinische anhand geeigneter Redewendungen, Dialoge, Szenen, Gedichte, Lieder oder anderer Texte (wenigstens einmal in ihrem Leben) als wirkliche natürliche Sprache erleben (d. h. hören, sprechen, singen, aufführen, schreiben) zu können".

Das „Lebendige" am Latein wird in allen Lehrwerken zunächst exemplarisch am „Fortleben" in den *Lehn- und Fremdwörtern* und am Wortschatz der romanischen *Tochtersprachen* und des Englischen aufgezeigt (vgl. z. B. Arcus, S. 1 f.; Cursus Continuus, S. 37). „Salvete" bietet eine ganze Serie von Wörtern, Sprichwörtern, Redewendungen und Inschriften, die sich durch das Buch ziehen, unter dem Titel: *Verba Latina ubique sunt* (z. B. S. 43 f., 70 f., 100 f.).

Andere Beispiele für „lebendiges Latein" werden aus verschiedenen Bereichen des öffentlichen Lebens, vor allem aus dem Bereich der *Medien* und der *Werbung*, vorgeführt, z. B. die Verwendung der Götternamen Apollo, Bacchus, Herkules, Fortuna (Salvete, S. 14 f.; Iter Romanum, S. 172 f.).

Sodann wird die „Lebenskraft" und Fortwirkung des Lateinischen dadurch demonstriert, dass die Textvorlagen und Inhalte der Lehrwerke nicht nur aus der Antike, sondern auch aus *Mittelalter* und *Neuzeit* genommen sind, also etwa aus der lateinischen Bibel, aus der Legenda Aurea, den Carmina Burana (mit Hinweis auf Carl Orffs Vertonungen), aus Werken von Erasmus von Rotterdam, Laurentius Valla (Cursus Continuus, S. 244), Jan Amos Comenius (Interesse, S. 197) u. a.

„Lebendig" soll das Latein der Lehrbuchtexte auch dadurch werden, dass das *Alltagsleben* der *native speakers* dieser Sprache durch farbige Bilder und Skizzen und zusätzliche deutsche Informationstexte anschaulich vor Augen gestellt wird (z. B. Interesse, S. 10: *villa rustica Romana*; Salvete, S. 42: *De vita Romanorum*, Wohnen und Essen). Mit der Vergegenwärtigung der antiken Lebensverhältnisse soll der Sitz dieser Texte im menschlichen Leben nachvollziehbar werden. Die Texte wollen dadurch *Anteilnahme* („*interesse*") erwecken, so dass die Schülerinnen und Schüler sich in die dargestellten Verhältnisse geistig hineinversetzen und sich mit den dargestellten Personen teilweise und temporär *identifizieren* oder – im Gegenteil – sich von ihnen emotional distanzieren können.

Alle Lehrbücher legen großen Wert auf *Vielfalt und Abwechslung der Inhalte und der Textsorten*. Die Prinzipien *variatio* und *mutatio* sind Wesensmerkmale jedweden Lebens und werden daher in allen neuen Lateinbüchern als Zeichen der Lebendigkeit intensiv kultiviert.

Immer wieder wird die *Verbindung von antiker Welt und Gegenwart* hergestellt. Kinder oder Jugendliche unserer Zeit, mit denen sich die Schüler zumindest partiell „identifizieren" können, kommen in Rom oder Pompeji dem Leben antiker Kinder oder Jugendlicher auf die Spur. Die Comicfigur Felix lädt heutige Schüler zu einer fiktiven Zeitreise in die Antike ein (Felix, S. 3 u. 9). Felix spricht lateinisch zu den Lehrern (S. 3) und Schülern (S. 194f.; auch „über Lautsprecher" S. 109) und verabschiedet sich am Ende der Zeitreise wieder (S. 195).

Im „Iter Romanum" fliegen heutige Kinder mit dem Flugzeug nach Rom (S. 10):

> Hodie Cornelius et Iulia in Italiam volant: nam avus et avia in Italia habitant.
> Iulia et Cornelius aviam et avum valde diligunt: itaque avum et aviam ibi visitare volunt.
> Mox liberi ex aëroplano Alpes vident. …
> Ecce, Roma! In aëroportu avus et avia liberos exspectant …

Auf dem Flughafen „Leonardo da Vinci" fragt Julia nach Mineralwasser und Eis:

> „Ubi est taberna, ave, ubi aqua mineralis vel glacies?"

Im Lehrbuch „Salvete" lassen sich Cordula und Markus aus Köln von einer italienischen Archäologiestudentin über das Forum Romanum und durch die Ausgrabungen von Pompeji führen (S. 16 f.).

Lebendigkeit wird auch durch die *Vielfalt der Übungsformen* angestrebt. Alle möglichen Ergänzungs-, Umformungs- und Ratespiele sollen keine Langeweile aufkommen lassen. Mal gerät man ins Labyrinth, ein andermal soll man die Graffiti an einer Wand entziffern oder selbst ergänzen (Cursus Continuus, S. 37). Abstrakte oder vermeintlich trockene grammatische Stoffe werden durch Häuser, Schiffe oder andere Dinge veranschaulicht (Interesse, S. 156f.; 162).

Mehrere Lehrwerke bieten lateinische *Lieder mit Noten*, wodurch der *sonus linguae Latinae*[32] bei passender Gelegenheit im Klassenraum, bei einer Schulfeier oder auf der Klassenreise lebendig werden kann. Das sollte uns daran erinnern, dass das Lateinische heutzutage im öffentlichen Leben (und wirklich hörbar) am stärksten in der Musik fortlebt. Denn wenn auch Komponisten wie Beethoven, Bruckner, Charpentier, Cherubini, Dvořák, Fauré, Gabrieli, Haydn, Hindemith, Lasso, Mendelssohn-Bartholdy, Monteverdi, Mozart, Orff, Pärt, Palestrina, Rameau, Rossini, Schubert, Vivaldi, Zelenka – um nur ganz wenige alphabetisch aufzuzählen – schon längst „tot" sind, leben ihre Werke und damit das gesungene und gehörte Latein in aller Welt, auch im fernen Osten (Japan) fort, und zwar bei *open-air*-Konzerten, in den Konzertsälen, im Radio, im Fernsehen und auf CD's. Man denke also daran, dass ein lateinischer Kanon nicht nur ein Jux ist, sondern gewissermaßen auch ein Wegweiser, der auf unermesslich große musikalische Landschaften verweist (vgl. Iter Romanum, S. 14: *Ludi sunt Latini*; Felix, S. 178 f.: *Gaudeamus igitur*; *Musica divinas laudes*; *Sine musica nulla vita*; Salvete, S. 72 f.: *Cato maior habuit*; *Ecce gratum et optatum*). Erst kürzlich hat EBERHARD KAUS eine lateinische Comenius-Hymne verfasst, die im Rahmen eines internationalen Schulprojekts mehrfach vertont wurde.[33]

Zum eigentlichen *Latine loqui* wird in den Lehrwerken jedoch nur selten angeregt. Der „Cursus Continuus" setzt hinter die Überschrift des deutschen Informationsstücks zur letzten Lektion ein Fragezeichen: *„Latine loqui?"* (S. 245) Es handelt sich jedoch nicht um eine Aufforderung, das Lateinische auch einmal als Kommunikationsmittel auszuprobieren, sondern nur um einen Rückblick auf Mittelalter und Humanismus und auf neuzeitliche Autoren wie Descartes, Alexander von Humboldt und Gauß, die des Lateinischen noch mächtiger waren als unsere Epoche. Lobenswert sind einige Beispiele aus dem „Felix" (siehe oben) und vor allem aus „Interesse". Hier findet man z. B. einen Abschnitt „Wenn die Lehrerin (*magistra*) oder der Lehrer (*magister*) lateinisch spricht" (S. 11). In allen Bänden finden sich aber dialogische Stücke, die inhaltlich im Altertum oder in der Gegenwart spielen und die sich daher zum Lesen mit verteilten Rollen oder gar zur Umsetzung in eine kleine Szene im Klassenraum oder auf einem Schulfest oder für ein kleines Hörspiel eignen.

Ergänzende Literaturhinweise

Acta selecta Octavi Conventus Academiae Latinitati Fovendae (Lovanii et Antverpiae, 2–6 Augusti MCMXCIII), Rom 1995.

TUOMO PEKKANEN / REIJO PITKÄRANTA: Nuntii Latini. Latinankieliset uutiset. News in Latin. Helsinki: Suomalaisen Kirjallisuuden Seura (= Acta Societatis Litterarum Finnicarum, Tomus 561, 588, 625, 707), 4 Bde. 1992, 1993, 1995, 1998.

SIGRIDES ALBERT: Imaginum vocabularium Latinum (Lateinisches Bildwörterbuch). Saarbrücken: Verlag der Societas Latina 1998 (ISBN 3-923587-26-0).

ANDREAS FRITSCH: Index sententiarum ac locutionum. Handbuch lateinischer Sätze und Redewendungen. Saarbrücken: Verlag der Societas Latina 1996.

CAELESTIS EICHENSEER: Neulatein – Latein der Neuzeit. In: MDT nyt (hg. v. Dansk Translatørforbund København) 2/1998, 4–9.

Anmerkungen

[1] Vgl. *Latein sprechen*. Der Altsprachliche Unterricht, Heft 5/1994, hg. v. WILFRIED STROH (Hg.). Mit Beiträgen von Michael von Albrecht, W. Stroh, Hans-Joachim Glücklich, Andreas Fritsch, Wolfgang Schibel, Ulrike Wagner, Torsten Eggers, Sigrid Albert, Gerhard Fink, Bohumila Mouchová, Robert Maier, Caelestis Eichenseer, Dirk Sacré.

[2] SALLMANN, K.: *Officina Latina Hammaburgensis*. Universität Mainz 1990 (nicht im Buchhandel). – Vgl. auch SALLMANN, K.: Officina Latina beim Kongress des DAV, Hamburg April 1990. In: Gymnasium 98 (1991), 474.

[3] Vgl. STROH, W.: O Latinitas! Erfahrungen mit lebendigem Latein und ein Rückblick auf zehn Jahre Sodalitas. In: Festschrift für Friedrich Maier: Die Antike und ihre Vermittlung. München: Oldenbourg Verlag 1995, 168–181; auch in: Gymnasium 104 (1997), 272–290.

[4] Hingewiesen sei auf das *Symposium Latinum „De lingua Latina vinculo Europae"* in Paris (1991), die Kongresse der *Academia Latinitati Fovendae* in Belgien (Löwen und Antwerpen 1993) und in Finnland (Jyväskylä 1997), sowie auf den von Luigi Miraglia in Montella bei Neapel im April 1998 veranstalteten Convegno *„Docere"*, an dem etwa hundert Teilnehmer aus allen Erdteilen mitwirkten. – Von großer Wirkung sind auch die seit September 1989 weltweit ausgestrahlten *Nuntii Latini* des Finnischen Rundfunks, die seit 1997 auch im Internet zu empfangen sind (http://www.yle.fi/fbc/latini/trans.html), auch in Buchform mit englischer Übersetzung erhältlich (siehe ergänzende Literaturhinweise).

[5] FRITSCH, A.: Lateinsprechen im Unterricht – Geschichte, Probleme, Möglichkeiten (Auxilia 22). – Bamberg: Buchner 1990.

[6] Das zeigte sich u. a. in einer großen Anzahl positiv urteilender Rezensionen dieses Bandes; vgl. FRITSCH, A.: Lateinsprechen im Unterricht – eine Zwischenbilanz. In: Der Altsprachliche Unterricht (abgek. AU) 36,5 (1994), 22–30.

[7] Mitarbeiter der lat. Zeitschrift *Vox Latina*. Vgl. neuerdings BAUER, J. P.: *De nova pecunia Europaea*. In: Vox Latina 34 (1998), 152–168.

[8] Vgl. ALBERT, S.: *De conventu Berolinensi palaeophilologorum Germanorum*. In: Vox Latina 28 (1992), 186–200, bes. 191 f.

[9] Vgl. ALEXA, D. und WAGNER, U.: Seminarium Pragense 1992. In: Mitteilungsblatt des Deutschen Altphilologenverbandes (abgek. MDAV) 35 (1992), 148–150. – KRAUSS, U.: Seminarium Pragense 1994. In: MDAV 37 (1994), 126–129. – Zu Kongress und Officina vgl. ALBERT, S.: De palaeophilologorum conventu Bambergensi. In: Vox Latina 30 (1994), 184–200, bes. 194–197.

[10] OERTEL, H.-L.: Zukunft braucht Herkunft – und Sprache braucht Stimme. Latinitas viva auf dem DAV-Kongress in Jena (Die Officina Latina in Schulpforta). In: MDAV 39 (1996), 90–92.

[11] Die Kassette ISTA mit diesem und anderen lateinischen Rap-Songs ist zu beziehen von E. Barwig, Annenstr. 14, 26382 Wilhelmshaven.

[12] WAGNER, U.: *De urbibus Germaniae humanitate distinctis*. In: Vox Latina 33 (1997), 41–60.

[13] Grußwort des Thüringer Ministerpräsidenten Bernhard Vogel. In: MDAV 39 (1996), 52–54.

[14] LEBEK, W. D., o. Professor für Klass. Philologie an der Universität Köln, ist kürzlich auch als Mitbegründer der „Elisabeth-Lebek-Stiftung Lebendiges Latein e.V." hervorgetreten. Vgl. Forum Classicum 41 (1998), 131 f.

[15] Vgl. hierzu das kürzlich erschienene Buch von A. E. RADKE: *Ars paedagogica* – Erziehungskunst, lateinisch-deutsche Gedichte und Prosatexte für Schüler, Lehrer und Unterricht. Würzburg: Königshausen & Neumann 1998. – Bespr. von A. FRITSCH in: Forum Classicum 41 (1998), 123–125.

[16] Vgl. Forum Classicum 41 (1998), 91.

[17] Vgl. FRITSCH, A.: *Comenius, praeceptor gentium Europae*. In: *Acta Symposii Latini „De lingua Latina vinculo Europae", Parisiis in Instituto Finnico 25–27 m. Oct. anno 1991 auspiciis Finnici Ministerii publici rei institutoriae*. Bruxelles: Fundatio Melissa 1992, 87–102. – Ders.: Zum 400. Geburtstag von Jan Amos Comenius. In: MDAV 34 (1991), 102–104. – Ders.: Von Comenius zu Horaz. In: MDAV 35 (1992), 145–148.

[18] *Didactica Magna* X,3. – Was eine *„officina"* ist, definiert COMENIUS in: *Methodus linguarum no-*

99

vissima XXV, 2–6: „*locus, ubi instrumentis certis, ab opificibus certis, arte certa efficitur, quod efficiendum est*".

[19] Neuerdings nimmt die Lateindidaktik auch andere methodische Ideen von COMENIUS wieder auf, vgl. z. B. WAIBLINGER, F. P.: Überlegungen zum Konzept des lateinischen Sprachunterrichts. In: Forum Classicum 41 (1998), 9–19 (mit Hinweis auf den *Orbis pictus*); KAUS, E.: J. A. Comenius, Fr. Spee und die Europäische Kommission, in: Forum Classicum 41 (1998), 98–101 (mit einer lat. Hymne auf Comenius).

[20] Vgl. BLEKASTAD, M.: Comenius. Versuch eines Umrisses von Leben, Werk und Schicksal. Oslo und Prag 1969, 46 f.

[21] Erfreulich ist zwar, dass in den lateinischen Unterrichtswerken der neuen Generation durch die dialogisch gestalteten Anfangskapitel der Tatsache Ausdruck verliehen wird, dass es sich bei Latein um eine Kommunikationssprache – wenn auch aus vergangenen Tagen – handelt, bei der Einführung aber in die Grammatik und den Wortschatz der lateinischen Sprache wird eher der bekannte, herkömmliche Weg eingeschlagen (vgl. II. Teil). Wer jedoch ein Lehrwerk des Lateinischen kennen lernen will, das sich in seinem Konzept an den Bedürfnissen einer gesprochenen Sprache orientiert, dem sei HANS H. ØRBERG: *Lingua Latina per se illustrata* (Pars I: *Familia Romana,* København ²1997. Pars II: *Roma aeterna,* København ²1998. *Exercitia Latina,* København 1985. *Colloquia Personarum,* København 1994. *Indices,* København 1991) sehr empfohlen.

[22] Vgl. FRITSCH, A.: Lateinsprechen im Unterricht (s. Anm. 5), 11.

[23] Dieser Ausdruck geht auf MANFRED FUHRMANN zurück, vgl. A. FRITSCH (s. Anm. 5), 64.

[24] Die vollständige Ausgabe der *Locutiones scholasticae* mit Übersetzung in mehrere moderne Fremdsprachen erscheint im Verlag von E. Bozorgmehri & R. Spann. Wer mehr einzelne Ausdrücke aus dem Schulalltag kennen lernen will, dem sei empfohlen SIGRID ALBERT: *Cottidianum Vocabularium Scholare. Theodisco-Latinum, Latino-Theodiscum, Francogallico-Latinum, Latino-Francogallicum.* Saarbrücken: Verlag der Societas Latina 1992. – Eine wertvolle Anregung für die Ausschmückung der Lateinstunde mit unterschiedlichen Redewendungen stellen ferner die von A. FRITSCH thematisch geordneten Materialien zum Lateinsprechen dar (1990, 113–145).

[25] MARTIN, JEAN-POL, hatte aus Unzufriedenheit mit der mangelnden Sprachkompetenz seiner Französischschüler diese Methode wieder entdeckt und ausgestaltet. Vgl. Grundlegende Gedanken von Jean-Pol Martin zu Lernen durch Lehren (LdL), in: ROLAND GRAEF, ROLF-DIETER PRELLER (Hg.): Lernen durch Lehren. Eichstätt 1994, 12–48.

[26] Vgl. hierzu auch *Anfangsunterricht und Lehrbuch III.* Der Altsprachliche Unterricht, Heft 4+5/1996. Mit Beiträgen von Willibald Heilmann, Peter Wülfing, Karl-Heinz Niemann, Joachim Schröder, Josef Rabl, Wolfgang Schoedel (bes. S. 75), Edgar Hein, Dietmar Absch.

[27] Vgl. FRITSCH, A.: Vom „Scriptum" zum „Lesenkönnen". Zur Methodik des Lateinunterrichts zwischen 1918 und 1945. In: AU 27,4 (1984), 10–37.

[28] Anders jedoch z. B. „Interesse" (vgl. z. B. S. 190, Stück T 4: Übersetze ins Lateinische: Mein Buch ist weg!).

[29] Vgl. FRITSCH, A.: Lateinsprechen im Unterricht – eine Zwischenbilanz. In: AU 36,5 (1994), 22–30, hier 25.

[30] Auch in der Musik beruht die *Improvisation* „zumeist auf mus. Vorstellungsmustern, doch steht sie in ihrer reinen Form jenseits einer vorangehenden schriftlichen Fixierung und so auch jenseits des Begriffs Reproduktion". BROCKHAUS-RIEMANN Musik-Lexikon (Piper-Schott), 2. Aufl. 1995, s.v. Improvisation.

[31] Vgl. FRITSCH, A.: Lateinsprechen im Unterricht (s. Anm. 5), 76 u. 111.

[32] Vgl. z. B. LIVIUS 5,33,11; 29,17,11; 37,54,22.

[33] Vgl. Anm. 19 (auch auf CD erhältlich: Hölty-Gymnasium, Hindenburgstr. 25, 31515 Wunstorf).

LOCUTIONES SCHOLASTICAE

quibus discipuli utuntur

Salvēte, discipulī et discipulae! Salvae sītis, puellae! Salvī sītis, puerī!	Guten Morgen (Guten Tag ...)!
Cōnsīdite (assīdite, cōnsīdāmus, assīdāmus)!	Bitte setzen!
Dēsine aliās rēs (aliud) agere!	Sei aufmerksam und beschäftige dich nicht mit anderen Dingen!
Quis abest (nōn adest)?	Wer fehlt?
Quid morbī est?	Was für eine Krankheit hat er?
Dē <Petrī> febrī valdē doleō.	Es tut mir sehr leid, dass <Peter> Fieber hat.
Cavēte libellōs et librōs prius aperiātis (ēvolvātis) quam dīcam.	Hefte und Bücher bleiben vorerst geschlossen!

quibus magistri utuntur

Salvē, magister (magistra)! Salva sīs, magistra! Salvus sīs, magister!	Guten Morgen (Guten Tag ...)!
<Petrus/Maria> abest.	<Peter/Maria> ist nicht da.
Nam aegrōtat.	Denn er/sie ist krank.
<Petrus> febrim habet. <Maria> pītuītā (tussī) vexātur.	<Peter> hat Fieber. <Maria> hat Schnupfen (Husten).

(Age), incipiāmus (ōrdiāmur) ā paucīs et parvīs sententiīs!	Wir beginnen mit einigen Sätzchen!
Suntne vōbīs vocābula īgnōta?	Wer weiß ein Wort nicht?
Quid <Iōannēs/Ursula> optimē fēcit?	Was hat <Johannes/Ursula> besonders gut gemacht?
Dīc hanc sententiam plūrāliter!	Setze den Satz in die Mehrzahl!
Quis coniugābit hoc verbum?	Wer konjugiert dieses Verb?
Iam satis est.	Für jetzt ist es genug.
(Sed) quis ōstium pulsāvit?	Wer hat an unsere Tür geklopft?
Intrā (venī)!	Herein!
Ita (est).	Ja.
Nudius tertius (prīdiē) hoc idem excūsāvistī.	Bereits vorgestern (gestern) hast du den gleichen Entschuldigungsgrund vorgebracht.
Libellōs et librōs clausōs habēte!	Hefte und Bücher bleiben geschlossen!
Dīc mihi, <Andreā/Alexandra>, tria nova vocābula!	<Andreas/Alexandra>, nenne mir drei Wörter aus dem neuen Wortschatz!
Nunc discipulī inter sē interrogent!	Heute fragen Schüler einander ab!

Iterā, quaesō, hanc sententiam!	Könnten Sie bitte den Satz wiederholen?
Metuō, nē sērius veniam.	Ich fürchte, ich komme etwas zu spät.
Īgnōsce mihi (īgnōscās mihī)!	Entschuldigung!
Sērō experrēctus (-a) sum. Autocīnētum longum retardātum est.	Ich habe verschlafen (wörtl.: ich bin zu spät aufgewacht). Der Bus hatte Verspätung.
Oblītus (-a) sum pēnsum domesticum absolvere.	Ich habe vergessen, meine Hausaufgabe zu machen.
Nunc tuae sunt partēs.	Jetzt bist du dran.

(Hoc) excellenter (optimē, bene, mediocriter, satis) fēcistī.	Das hast du ausgezeichnet (sehr gut, gut, befriedigend, ausreichend) gemacht.
Īnscrībe, quaesō, hanc sententiam in tabulā!	Könnten Sie den Satz bitte an die Tafel schreiben?
Unde incipiam?	Womit soll ich beginnen?

Nunc veniāmus ad ea, quae vōbīs (domī) litterīs mandanda erant.	Jetzt kommen wir zur schriftlichen Hausaufgabe!
Quis vertet prīmam sententiam?	Wer übersetzt den ersten Satz?
Prius lege, quaesō, quam vertis!	Bitte erst lesen!
Lege dīstīnctē et clārē!	Lies deutlich und klar vor!
Quam syllabam minus rēctē acuit?	Wo hat er/sie nicht richtig betont?
Laudō.	Du hast deine Sache gut gemacht! Schön!
Verte, <Paule>, secundam sententiam in Latīnum (in Theodiscum)!	<Paul>, übersetze Satz 2 ins Lateinische (ins Deutsche)!
Aperīte libellōs!	Schlagt eure Hefte auf!
Corrigite, ōrō vōs, et ēmendāte quae scrīpsistis plumbō!	Bitte mit Bleistift verbessern!
Sed trānseāmus ad nova!	Jetzt gehen wir zu etwas Neuem über!
Iam scītis, quae sint termīnātiōnēs nōminis cāsūs.	Ihr kennt doch schon die Ausgänge von „casus".
<Cordula>, fer opem!	<Cordula>, hilf (ihm/ihr)!
Quis īnscrībet rēgulās dēclīnātiōnis nōminis domūs tabulae?	Wer schreibt die Regeln der Deklination von „domus" an die Tafel!?
Prōmite librōs!	Holt eure Bücher hervor!

Aperīte capitulum vīcēsimum (pāginam undēnōnāgēsimam)!	Schlagt Kapitel 20 (Seite 89) auf!
Sed ad nova vocābula: quod vocābulum simile scītis?	Jetzt aber zum neuen Wortschatz: Welches ähnliche Wort kennt ihr bereits?
Cuius generis est „poēta"?	Welches Geschlecht hat „poēta"?
Hoc nōmen (verbum) ā Graecō ductum est.	Dieses Wort kommt aus dem Griechischen.
„Spectāculum" dērīvātum est ā verbō, quod est „spectāre".	„Spectāculum" ist von „spectāre" abgeleitet.
Quid est Latīnē (, quod est Theodiscē) „Haus"?	Was heißt auf Lateinisch „Haus"?
Quī cāsūs nōminis domūs aliī sunt ac cāsūs nōminis senātūs (discrepant ā cāsibus nōminis senātūs)?	Welche Fälle von „domus" weichen ab von „senātus"?
Cuius coniugātiōnis est „laudāre"?	Zu welcher Konjugation gehört „laudāre"?
Intellegis?	Leuchtet dir das ein?
Quis hoc nōn perspicit (intellegit)?	Wer versteht das nicht?
Nōlī tam improbē ōscitāre, <Carole>, sed dīligenter attende!	Gähn nicht so unverschämt, sondern pass gut auf, <Karl>!
Quis iterum recitābit magnā vōce hanc sententiam?	Wer liest den Satz nochmals laut vor?

Oblītus (-a) sum (mēcum ferre) librum.	Ich habe mein Buch vergessen.
Quid significat hoc nōmen (verbum)?	Was bedeutet dieses Wort?
Intellegō.	Ja (, ich verstehe).
Hoc nōn audīvī.	Das habe ich nicht verstanden (d. h. nicht gehört).

Volō hanc sententiam vertere.	Ich will den Satz übersetzen.
Quandō pēnsa (scholastica) corrēcta reddēs?	Wann geben Sie die Schulaufgabe zurück?
Ā quotā hōrā aderis?	Ab wie viel Uhr werden Sie da sein?
Licetne mihī paulō prius abīre? Nam hōrā duodecimā minūtā decimā trāmen prōvehētur.	Darf ich etwas früher gehen? Denn mein Zug fährt um 12 Uhr 10.
Tintinnābulum sonat (sonuit).	Es läutet (hat geläutet).
Nunc studia cessant.	Jetzt ist Pause.
Vīrēs languent.	Ich bin/wir sind schlapp.
(Bene) valē, magister (magistra)!	Auf Wiedersehen!

Prōmite libellōs mandātōrum! Vōbīs mandō, ut (domī) vocābula capitulī trīcēsimī secundī, dēclīnātiōnem nōminis domūs rēgulāsque huius dēclīnātiōnis discātis, vocābula ā capitulō quārtō ūsque ad octāvum iterum memoriae mandētis!	Holt die Hausaufgabenhefte heraus: Die Hausaufgabe lautet: Lerne Wortschatz 32, die Deklination von „domus" und die Regeln dieser Deklination, wiederhole Wortschatz 4 bis 8!
Crās referte, ōrō vōs, opera scholastica!	Morgen die Schulaufgabe (Klassenarbeit) bitte wieder mitbringen!
Parentēs certiōrēs, quaesō, facite magistrōs perendiē (diē Lūnae, diē Mārtis, diē Mercuriī, diē Iovis, diē Veneris, diē Sāturnī) (eis) facultātem cōnsulendī esse datūrōs.	Teilt euren Eltern bitte mit, dass übermorgen (am Montag, Dienstag, Mittwoch, Donnerstag, Freitag, Samstag) Elternsprechtag ist!
Ab hōrā octāvā et quadrante (et dīmidiā, et dōdrante) aderō.	Ab 8 Uhr 15 (8 Uhr 30, 8 Uhr 45) werde ich da sein.
Tempus est fīnem facere.	Es ist Zeit, Schluss zu machen.
(Bene) valēte, discipulī et discipulae!	Auf Wiedersehen!

Michael Alperowitz

Orpheus im Elektronengehirn

Ein Multimedia-Projekt im Latein-Leistungskurs

1. Einleitung

Unterstützt durch die Fördermaßnahme „Schulen ans Netz/InfoSchul" des Bundesministeriums für Bildung und Forschung machten sich zu Beginn des Schuljahres 97/98 elf Schüler und Schülerinnen des Leistungskurses Latein am Friedrich-Ebert-Gymnasium Sandhausen (BW) zusammen mit ihrem Lehrer auf die Suche nach den Spuren der Antike im World Wide Web. Das „Netz der Netze" trat uns entgegen als eine verwirrende Vielfalt auf der Oberfläche unseres Monitors erzeugter Bilder und Sinneseindrücke und drohte uns zu erdrücken. Viele Aspekte, die vordergründig ohne jeden Zusammenhang zu sein schienen, drängten sich uns auf. Ist ein solches Durcheinander überhaupt unterrichtlich zu verwerten, da wir doch Ordnung in den Köpfen unserer Schüler schaffen sollen? Solche und ähnliche Fragen stellten sich dem Lehrer gerade in der Anfangsphase des Projekts.

Doch gleichzeitig erlebten wir eine Überraschung! Schon bei unserer ersten „Tour" durch das www stießen wir auf zahlreiche Bezüge zur Antike und gerade auch zu dem von uns bearbeiteten Autoren „Ovid" und seinem Werk „Metamorphosen", dessen Orpheuszyklus im 10. Buch wir uns als zentrale Stelle unserer Beschäftigung mit diesem Weltgedicht herausgesucht hatten.

2. Recherche im www

Nach einer notwendigen Zeit des „zügellosen Surfens" legten wir ausgehend von den im Orpheuszyklus (met.X) erzählten Verwandlungsgeschichten zwei Suchraster über das Netz: Indem wir die primären Recherchestichworte „Pygmalion, Ganymed, Hyazinth, Adonis, Myrrha und Orpheus" in einem zweiten Durchgang mit den Gesichtspunkten „Kunst, Literatur, Botanik, Musik, Biologie, Astronomie und Film" verknüpften, konnten wir die Anzahl der gefundenen Adressen reduzieren. So bildeten sich im weiten Ozean der internationalen Datenflut themenrelevante Inseln heraus, die wir als Anlaufstellen für unsere weitere Arbeit nutzen konnten.

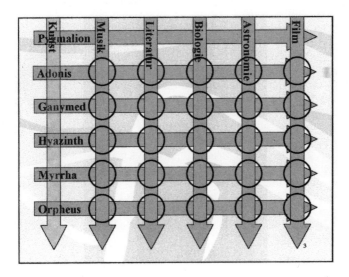

Diese Vorgehensweise trägt dem unhierarchischen Charakter des Netzes Rechnung und lässt die Offenheit des Internets Eingang finden in den Unterricht. Zum anderen reduziert sie aber auch die Trefferquote von Netzrecherchen auf sinnvolle, themenorientierte Schnittpunkte und steigert so die Effektivität des Unterrichts.

3. Nutzung professioneller Datenbanken

Als große Bereicherung für unser Projekt stellte sich der Zugriff auf professionelle Pressedatenbanken wie z. B. „Lexis-Nexis (Company Quick Check)"[1] heraus, aus deren weltweitem Angebot an Zeitungs- und Zeitschriftenartikeln wir viele Anregungen mit Relevanz für unser Thema aufspürten. Es hat sich regelrecht eine Spezialistengruppe unter den Schülern für Recherchen bei diesem Host herausgebildet. Ein Nebeneffekt dabei war, dass die Schülerinnen und Schüler ganz selbstverständlich mit den größtenteils englisch- bzw. französischsprachigen Artikeln umgehen mussten.

4. Methode

Die Methode, die sich während unserer Projektarbeit im Zusammenhang mit der Sprache Latein und der durch sie repräsentierten Kultur ergab, war es, hinabzutauchen von der verwirrenden Oberfläche dessen, was uns das „Netz" so alles vor die Nase hielt, zu den Quellen, aus denen auch das Internet schöpft. So paradox und verwirrend wie die oben beschriebene Collage von Sinneseindrücken auf uns wirkten, erscheinen auf den ersten Blick auch die Einstiegspunkte, von denen wir unsere Reise „ad fontes" begannen: Das Bild des französischen Malers Nicolas Poussin „Floras Garten", Christoph Ransmayrs Roman „Die letzte Welt", der Film „Pretty Woman", das Mozartsingspiel „Apollo et Hyacinthus", die Jupitermonde, Erdbeben in Italien, Disney's „Hercules" oder gar der Science-Fiction-Klassiker „Star Trek" mögen hier stellvertretend genannt werden. Wie Ovid in seinen Erzählungen die ihn umgebende Natur als großes Lesebuch empfindet, dessen verborgene Zeichensprache und Hintergründe er uns zu verstehen lehrt, so ließen auch wir uns anregen, die „Metamorphosen-Spuren" in der großen Weltausstellung des www zu betrachten und auf ihre Beziehung zur Antike zu hinterfragen. Hinter den Bildern und Informationen der Datenautobahn wurde immer wieder der lateinische Text des Orpheus-Zyklus als gemeinsames Band deutlich. Wir ließen uns ermuntern, den spannenden Weg von der aktuellen, bunten virtuellen Welt hinab zur Basis der Antike zu beschreiben. Wir gingen den Phänomenen auf den Grund!

5. Beispiele

Den Schülern und Schülerinnen die Augen zu öffnen für überraschende Beziehungen unserer Gegenwart zur Antike, sie zu ermuntern, die Bilderwelten des www zu hinterfragen, sie heranzuführen an eine Sichtweise, die bereit ist, das Erbe der Antike auch dort, wo wir es nicht mehr vermuten, zu finden, war das Ziel unseres Vorhabens.

Einige ausgewählte Wege vom Internet zur Antike mögen die folgenden Beispiele aus der Praxis unseres Projektes aufzeigen.

5.1 Nicolas Poussin

Das folgende Beispiel mag zeigen, wie verschlungen die Pfade, die uns zur Basis der Antike führten, gerade auch am Anfang unserer Projektarbeit waren. Doch ist die dafür aufgewandte Zeit keineswegs als verloren anzusehen, da es regelrecht ein Lernziel war, ein Gespür dafür zu entwickeln, ob es lohnend ist, eine Information aus dem www zum Anlass zu nehmen, weiter nachzuforschen; zu erkennen, ob sie als „Einstiegspunkt" für unseren Weg in die Tiefe taugt. Dieser Sensus ist eine wissenschaftliche Grundhaltung, die auch auf andere Wissensgebiete übertragbar ist.

Einer der genannten Einstiegspunkte, der sich als Schnittpunkt aus der Verbindung der Recherchestichpunkte „Adonis" und „Bildende Kunst" ergab, führte uns zu einer Ausstellung des französischen Malers Nicolas Poussin in Paris und

London.[2] „Was hat das mit unserem Thema zu tun?", so fragten wir uns. Unsere Neugier wurde geweckt, nachzuforschen, was die Verbindung Ovids zu Poussin ist. Wir bemühten uns, die im Netz vorgefundene Verknüpfung der beiden Stichworte zu erklären.

Durch eine Suche in der von „Lexis-Nexis" (vgl. oben) bereitgestellten Pressedatenbank stießen wir auf eine Besprechung der o. g. Poussinausstellung in der Irish Times. Zwei Schlüsselstellen hieraus mögen an dieser Stelle zitiert sein:[3]

> *„For Poussin, Graeco-Roman mythology was the property of any educated man or woman."*

Und etwas weiter unten im Text steht zu lesen:

> *„Today however, viewers are apt to wonder who Cephalus and Aurora were or even Echo and Narcissus."*

Ich denke, was der Verfasser dieser Zeilen angesichts der Ratlosigkeit vieler Besucher der Ausstellung des großen französischen Malers antiker Mythologie formuliert, das ist eine zutreffende Beschreibung unserer Situation heute und besonders auch des Wissensstandes unserer Schüler: Da ist etwas, was mit uns zu tun hat, das uns z. B. auf der Oberfläche einer Ausstellung begegnet. Die Tiefe des Gezeigten erschließt sich uns heutigen Zeitgenossen jedoch nicht mehr so leicht wie vielleicht früheren Generationen. Wir müssen daher lernen, mit der Oberflächeninformation umzugehen und zu fragen: 'Woher kommt das, wer kann es mir erklären?'

Aus ähnlichem Grund darf auch die große Weltausstellung des www von unseren Schülern nicht als konsumfertiges Endprodukt für einen reinen Rezipienten am Ende der Datenleitung angesehen werden, sondern muss ihnen als eine Aufforderung zum Nachfragen vorgestellt werden. In unserem speziellen Projekt bedeutete das, immer wieder nach ernsthaften Bezügen zum antiken Text zu forschen.

In Erfüllung dieses Postulats führte uns schließlich eine gezielte Recherche in Lexis-Nexis zu einem Artikel in der London Times[4], in dem die verschiedenen Ausstellungsstücke der Jubiläumsausstellung beschrieben wurden. So erhielten wir Kenntnis von Poussins Gemälde „Reich der Flora". Auf dem Bild sind die bekanntesten mythischen Gestalten, die in den Metamorphosen in Blumen verwandelt wurden, abgebildet. Werfen wir einen Blick in die Ausstellung der Royal Academy, auf das Gemälde „Reich der Flora"!

Die Begegnung mit „Floras Garten" in o. g. Kunstausstellung veranlasste Patricia Morison, eine Besucherin der Royal Academy, das Gesehene vom Bild in die Realität eines Gartens umzusetzen. Sie griff dabei auf das lateinische Original zurück und fragte sich, welche Blumen Ovid denn nun wirklich im Auge hatte, wenn er von Hyazinthe etc. spricht. Ihre Gedanken fasste sie in einem Leserbrief in der Times zusammen, auf den wir im Zuge unserer Nachforschungen stießen:[5]

110

„What, I wondered, would it take to plant a kingdom of Flora."

Angeregt durch diese „Methode" des Umgangs mit den Bildern einer Ausstellung ließen auch wir uns ermuntern, die Informationen aus der virtuellen Welt des www auf ihre Hinweise auf die Quellen in der Antike oder gar noch weiter auf die dahinter stehenden „Naturformen" der Realität zu hinterfragen. Wie Patricia Morison machten wir es uns zur Aufgabe, immer wieder den Aufwand zu betreiben, die „grenzüberschreitenden" Schritte von der bunten, vielgestaltigen virtuellen Welt hin zu den Versen Ovids zu tun.

Neben diesen Überlegungen grundsätzlicher Natur wird an diesem Beispiel aber auch die Notwendigkeit des Einsatzes der neuen Kommunikationstechnik deutlich. Alle Informationen vom ersten Erfahren von der Jubiläumsausstellung des Malers Poussin in Paris bzw. London über die Nachforschungen in professionellen Pressedatenbanken bis hin zum Austausch von E-Mails mit dem Louvre beschafften wir uns mit Hilfe der digitalen Datenvermittlung via Internet.

Das Reich der Flora

The goddess Flora is a ravishingly beautiful painting in the Royal Academy's exhibition "Nicolas Poussin". The goddess Flora dances in a robe the colour of young beech-leaves. Apollo drives his sun-chariot across the sky.

8

111

5.2 Adonis

Was ... ch in Flo ... n?

Adonisröschen
... cum flos de sanguine concolor ortus,
qualem, quae lento celant sub cortice granum,
punica ferre solent, brevis est tamen usus in illo;
namque male haerentem et nimia levitate caducum
excutiunt idem, qui praestant nomina, venti.

11

Als Nächstes befassten wir uns in der Reihe der im Orpheuszyklus wiedergegebenen Geschichten mit der Erzählung vom schönen Jäger Adonis, zu dem in verzehrender Liebe die Göttin Venus entbrannte. Dessen jäher, durch Jagdleidenschaft verursachter Tod wurde Ausgangspunkt seiner Verwandlung in das „Adonisröschen".

Das Bild Poussins „Reich der Flora"[6], auf dem u. a. auch das Liebespaar Venus und Adonis zu sehen ist, stellt gleichsam eine Übersetzung der in den Naturformen verborgenen mythischen Schicksale dar: Wie Ovid in poetischer Weltsicht Pflanzen, Steine, Tiere etc. in seinen Metamorphosen entschlüsselt und somit lesbar macht, übersetzt Nicolas Poussin die Verwandlungsgeschichten in die Sprache der Malerei. Auf einmal begannen auch für uns die Pflanzen im Garten, die wir alle kennen, eine Geschichte zu erzählen. Die Naturformen „Adonisröschen", Poussins bildliche Darstellung und der lateinische Text Ovids wiesen nun eine innere Einheit auf. Die oben abgebildeten, mit Hilfe des Computers zusammengefügte „Aspektcollage" ist Ergebnis und Darstellung einer Betrachtungsweise, die hinter den jeweiligen Naturformen die in Text oder Bild festgehaltenen Geschichten sieht. In welch starkem Maße das „wirkliche" Adonisröschen[7] und die Beschreibung Ovids übereinstimmen, bestätigten uns die Mitglieder des Leistungskurses Biologie, die uns in diesem und anderen Fällen mit ihrem Wissen und ihrer „Sicht der Dinge" aushalfen.

112

5.3 Hyacinthus

In ähnlicher Weise konnten wir nach den Erfahrungen mit der Adonisgeschichte auch an die Metamorphose des Hyacinthus herangehen. Wie bei Adonis steht auch hier am Ende der Handlung die Verwandlung des bei einem „Sportunfall" ums Leben gekommenen Jünglings in eine Blume, die alle Menschen an das Schicksal von Apolls Geliebten erinnert. Das www als von unserem Computer in der Schule zugängliche globale Bibliothek verwies uns als Ergebnis unserer Nachforschungen auf eine in der Bibliotheca Ambrosiana in Mailand liegende Illustration zum 10. Buch der Metamorphosen.[8] Unter den ins Netz gestellten Holzstichen dieser Sammlung befindet sich auch eine Abbildung der Hyazinthgeschichte. Der Künstler gab dabei auf ein und demselben Bild die verschiedenen Phasen der spannenden Geschichte der Liebe Apolls und Hyazinths mitsamt ihrem tragischen Ende wieder. Die Bildbetrachtung war für uns der Einstieg in die Übersetzung der Stelle. Natürlich ergänzten wir, wie schon bei Adonis, den Ovidtext durch den betreffenden Ausschnitt aus Poussins Gemälde.[9] Und wie schon beim Adonisröschen suchten wir mit Unterstützung des Lk Biologie die Naturform der Hyazinthe, die wohl am ehesten Ovids „poetischer Hyazinthe" entspricht. Die Sammlung eines botanischen Instituts in den USA lieferte uns dazu das passende Foto.[10]

„Und leuchtender als Purpur aus Tyros sprießt eine Blume auf. Sie nimmt die Gestalt an, die Lilien eigen ist; nur ist sie purpurfarben, jene aber silberweiß."

5.4 Myrrha

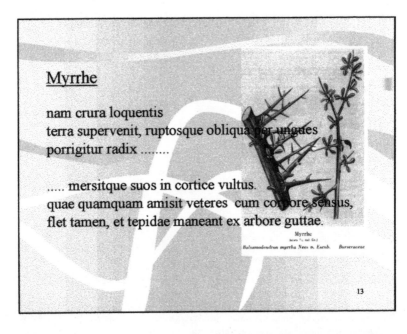

Zu einer Zusammenführung der Aspekte „lateinischer Text, Naturform und botanische Beschreibung" führte die Beschäftigung mit der Myrrha-Geschichte. Hier war die Übereinstimmung der Schilderung der Metamorphose mit einem Zitat aus einem Lehrbuch der Heilkräuter besonders deutlich:

Ovid: „Während sie noch sprach, stieg Erde an ihren Waden empor; die Nägel springen auf, und schräg steckt sich eine Wurzel aus, der Halt des langen Stammes. Die Knochen bilden kerniges Holz, in der Mitte bleibt das Mark bestehen, das Blut wird zu den Säften, die Arme zu großen Ästen, die Finger zu kleinen Zweigen. Die Haut verhärtet sich zu Rinde …
Sie ließ sich nach unten sinken und vergrub ihr Gesicht in der Rinde. Obwohl sie mit ihrer Gestalt auch die frühere Empfindung verloren hat, weint sie, und aus dem Baum fließen heiße Tränen."

vgl. Madaus, Lehrbuch der biologischen Heilkräuter, S. 194 f.: „Balsamodendron myrrha: Der Stamm ist ziemlich dick und trägt zahlreiche knorrige und sparrige Äste mit spitzen Dornen. Die Blätter stehen zerstreut oder büschelig. Die Droge stellte das Gummiharz dar, das als halb flüssige Masse von selbst aus dem Stamm ausschwitzt."

5.5 „Die letzte Welt"

Ein „Einstiegspunkt" ganz anderer Art bot sich uns in den Spuren der Antike auf dem Gebiet der zeitgenössischen Literatur. So verwies uns eine unserer Recherchen auf die in der Neuen Züricher Zeitung (1994)[11] erschienene Rezension E. A. Schmidts zu Christoph Ransmayrs Roman „Die letzte Welt". Zwei Stellen aus der genannten Rezension mögen hier zitiert sein. E. A. Schmidt hält dem Schriftsteller Ransmayr vor, er sehe als Ergebnis der Metamorphosen *„eine Orgie der Versteinerung, eine menschenfeindliche Steinwelt, Schotter, Geröll, Lavazunge oder Bergsturz".* Diesem entgegen setzt Schmidt seine Schau des ovidischen Weltgedichts: *„Nein, statt eine letzte Welt zu sein, wird die Natur im Sinn der konkreten Umwelt des Menschen, von bestimmten Flüssen über einzelne Blumen bis zu Sternbildern, durch jene Verwandlungsgeschichten vermenschlicht, mit menschlicher Bedeutung aufgeladen."*

Angeregt und inspiriert durch diese Äußerungen wurde für uns das „Oberflächenphänomen" zeitgenössische Literatur zur „Aitia", die Methode Ovids, die Welt zu sehen, zu erkunden und Parallelen zu unserer eigenen Vorgehensweise zu ziehen. Das beschriebene Procedere der Metamorphosen wurde zum Weg des Erkennens auch für uns: Die Dichtung Ovids regte uns an, in der Umwelt menschliche Bedeutung wahrzunehmen. In ähnlicher Weise wurden aber auch die „Metamorphosen-Spuren" im www auf Bezüge zum lateinischen Original hinterfragt und mit einer neuen, *tieferen Bedeutung aufgeladen.*

Natürlich hätten wir auch anders in die Diskussion über Christoph Ransmayrs Roman über die Metamorphosen kommen können. Z. B. hätte der Lehrer in klassischem Rollenverständnis das Buch in die Unterrichtsstunde mitbringen und die Klasse darauf hinweisen können. So jedoch ergab sich der Anlass aus einer Schülerrecherche im Netz. Analog zu den vorher geschilderten „Wegen" blieben wir jedoch nicht bei der Lektüre der Rezension – von der wir übrigens ohne die Nutzung der digitalen Pressedatenbank gar keine Kenntnis gewonnen hätten – stehen, sondern überdachten und überprüften diesen „Einstiegspunkt" wie alles andere auf der Oberfläche des www.

5.6 Pretty Woman

Stand in den vorangegangenen Beispielen der Weg, der uns jeweils von der Information im www hin zum lateinischen Text führte, und die sich im Laufe des Projekts ergebende Art und Weise des Umgangs damit im Vordergrund, so soll im Bereich der „Oberflächenerscheinung Kinofilm" das Überraschende des Ortes, der uns Hinweise und Bezüge zur Antike bot, gezeigt werden.

Auf *Maya's Filmpage* lesen wir in einer Rezension des Films „Pretty Woman" unter dem Titel *„Der klassische Hollywood Film; Pygmalion und Aschenputtel"*:[12]

- *„The classical Hollywood film can easily be placed as a part of the bourgoise mythology. With its invisible montage style, story stands forth as nonnarrated. It hides its traces. The film is the eternal, unquestionable truth…*
- *Vivian goes from listening to Prince to Verdi…*
- *He might have saved Vivian from the street-life, but she saves him from a life without true love. "*

Die Überlegungen der Autorin veranlassten uns, den Film anzusehen und ihn auf der Grundlage unserer Lektüre der ovidischen Pygmaliongeschichte zu analysieren. Es galt den „verborgenen Spuren der bürgerlichen Mythologie" im Film nachzugehen. Wir fragten uns, aus welchen Quellen der Kinofilm geschöpft hat. Die „unquestionable truth", von der in „Maya's Filmpage" die Rede ist, durfte von uns nicht einfach hingenommen werden. Wir zogen Vergleiche und kamen zu frappierenden Parallelen:

Wie auch in den Metamorphosen (vgl. Pygmalion-Galatea, Ganymed-Juppiter, Adonis-Venus, Apoll-Hyazinth) ist die Verwandlung in „Pretty woman" nicht einseitig. *„Vivian wechselt vom Zuhören (der Musik) von Prince zum Zuhören (der Musik) Verdis über. "*

Die Macht der Liebe (omnia vincit amor) bezwingt auch die vermeintlich Stärkeren. *„Edward mag Vivian vor dem Straßenleben bewahrt haben, aber sie bewahrt ihn vor einem Leben ohne wahre Liebe. "*

Hinter dem oskargekrönten Hollywoodstreifen steht deutlich die alte Geschichte von Pygmalion: Ein Bildhauer schafft sich in einer Statue sein Idealbild einer Frau. Dieser Zugang zum antiken Original war für die Schüler ebenso überraschend wie motivierend und machte sie neugierig, weitere Beispiele für das Pygmalionmotiv aufzuspüren. Sie erkannten, dass ihr Wissen um die antike Literatur hilft, selbst modernste Hollywoodfilme zu erklären. Sie merkten: „Wir Lateiner haben etwas zu sagen."

5.7 Orpheus im Elektronenhirn

Wieder war es eine Rezension, die uns auf die Spur eines Romans brachte, der Bezüge zu unserem augenblicklichen Thema, nämlich der Behandlung von Ovids Pygmaliongeschichte, aufwies. Und der Titel der Besprechung von Richard Powers Roman „Galatea 2.2"[13] löst nun auch das Geheimnis um die seltsame Überschrift dieses Artikels: „Orpheus im Elektronenhirn." Der Roman selbst erzählt die Geschichte eines vom Leben und den Menschen enttäuschten Informatikers, der sich in eine Forschungsarbeit zurückzieht. Er hat sich die Aufgabe gestellt, eine interaktive Lernsoftware zu entwickeln. Nach und nach verliebt er sich jedoch in das von ihm selbst geschaffene Gegenüber. Das Pygmalionmotiv, so erkannten wir, dient auch bestens zur Beschreibung des Verhältnisses eines Computerfreaks zu den selbst geschaffenen virtuellen Welten. Vgl. hierzu die Rezension: *„An die Stelle des Künstlers tritt häufig der Wissenschaftler, skrupellos oder kalt, mit fragwürdigen Hoffnungen und seltsam reduzierter Fähigkeit zur Selbstkritik. Die beseelten Geschöpfe entstehen seit der Romantik eher in den Werkstätten von Mechanikern oder im düsteren Labor von Dr. Frankenstein. Am Ende der Kette stehen bis jetzt High-Tech-Maschinen mit komplexen inneren Antrieben: exzellente Roboter, Cyberwesen, die rebellierenden Replikanten aus 'Blade Runner'. "*
Motiviert durch die Eigenerfahrung in der Benutzung des Mediums begannen auch wir unsere eigene Tätigkeit und Stellung im Umgang mit dem „Netz" kritisch zu hinterfragen. So erhielt die Auseinandersetzung mit Ovids Versen über den antiken Bildhauer Pygmalion Bezug zu unserer eigenen Erfahrungswelt im unterrichtlichen Tun.

5.8 The mirror of fiction

Es lag in der Konsequenz der Überlegungen, die wir im Zusammenhang mit Richard Powers Roman „Galatea 2.2" anstellten, dass wir versuchten, das Pygmalion-Phänomen weiter zu ergründen. Die Suche danach in unserer persönlichen Bibliothek, dem www, gestaltete sich sehr erfolgreich. Verschiedene psychologische Theorien und deren Niederschlag im www boten sich uns als Einstiegspunkt für den „Pygmalion" an. Als besonders dicht in seiner Aussage und sehr ertragreich hinsichtlich der Übertragbarkeit auf die Erzählung bei Ovid stellte sich Stephen Montgomery's Pygmalion Project heraus. Wir erkannten im Pygmalionmotiv ein Erklärungsmodell für zwischenmenschliche Vorgänge. Einige Schlüsselpassagen, die die Diskussionen im Unterricht besonders anregten, mögen hier zitiert sein:[14]
„Pygmalion was desperately unhappy, for the life-less statue could not respond to his desires, the cold stone could not return the warmth of his love. He had set out to shape his perfect woman, but had succeeded only in creating his own frustration and despair.

Like Pygmalion, in short, we take up the project of sculpting them little by little
to suit ourselves. We sculpt with guilt and with praise, with logic and with
tears – whatever methods are most natural to us.
Almost without thinking, we fall into this pattern of coercive behavior.
The rest of us, however, cannot rely on such miraculous intervention. Living in
the real world, we are responsible ourselves for the success of our relation-
ships. "

„Im Unterschied zu unserer realen Welt, in der wir selbst für das Gelingen
unserer Beziehungen verantwortlich sind", so konstatierte eine Schülerin, „bewahrt Venus Pygmalion bei Ovid vor der Enttäuschung und greift durch die
Animation der Statue helfend ein." Die Liebesgöttin erweist die alles bezwin-
gende Macht der Liebe.

Neben diesen psychologischen Überlegungen ergaben sich ganz natürlich auch
Fragestellungen, die den Umgang mit dem Medium Computer und den damit
verbundenen Möglichkeiten, sich selbst virtuelle Welten zu schaffen, betrafen.
In Anlehnung an den in der Antike überlieferten Namen der von Pygmalion
gebildeten Statue fragten wir. Wird das Internet im oben genannten Sinn, zur
Galatea, zum selbst-projizierten Spiegel unserer Gesellschaft?

5.9 Pygmalion in der Bildenden Kunst

Ein nahezu unerschöpfliches Angebot stellt das www im Bereich der Bilden-
den Künste zur Verfügung. Museumsinterne, landesweit bzw. weltweit operie-
rende „Kunstsuchmaschinen" ermöglichen eine zielgenaue Suche nach den
verschiedenen Suchkriterien.

Aus der Reihe vieler Illustrationen und bildnerischen Darstellungen zu den verschiedenen Episoden des Orpheuszyklus sollen hier nur einige Beispiele mit
Bezug zur Pygmaliongeschichte angeführt werden. Es gibt in der Tat keine
bessere Gelegenheit als die Beschäftigung mit dem Pygmalionmotiv, um zu
erkennen, auf welche Art und Weise Bildende Kunst einerseits und Literatur
(Ovid) andererseits das Thema „Künstlerisches Schaffen" selbst darstellen.

In unseren Computercollagen brachten wir Text und Bild auf einem Medium
zusammen und erhielten so (vgl. Abb. unten) eine erweiterte Vorstellung dessen, was der Dichter so treffend beschreibt.[15]

Die einzelnen Phasen der „Menschwerdung" der von Pygmalion geschaffenen
Marmorstatue wurden durch die Betrachtung eines Holzstichs aus der oben
erwähnten Sammlung der Ambrosiana (vgl. S. 120) deutlich.[16] Parallelen in
Bild und Text ließen sich aufzeigen. Das im Netz von Schülern gefundene Bild
wurde zur Interpretationshilfe für den lateinischen Text.

Es ist eine Randnotiz wert, dass Vivian in „Pretty Woman" (vgl. oben) darauf
verweist, dass sie ihre „echten" Küsse nur dem Mann, der sie als Person wirklich liebt, vorbehält. Auch dies ist eine Parallele zum klassischen Vorbild des
Films, wenn wir die Phase der Personifikation betrachten.

interea niveum mira feliciter arte
sculpsit ebur formamque dedit,
qua femina nasci
nulla potest, operisque sui conce-
pit amorem. ....

ars adeo latet arte sua. miratur et haurit
pectore Pygmalion simulati corporis ignes

Temptatum
mollescit ebur
positoque
rigore

subsidit digitis
ceditque, ut
Hymettia sole

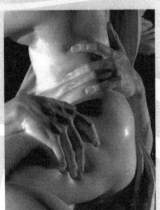

cera remollescit
tractataque
pollice multas

flectitur in
facies ipsoque
fit utilis usu.

21

Stufen des Pygmalionmotivs

- Signifikation
  - sculpsit ebur
    formamque dedit
- Animation
  - temptatum mollescit
    ebur positoque rigor
- Personifikation
  - ore suo non falsa premit dataque oscula virgo

22

5.10 Erdbeben in Italien

Jeder erinnert sich noch an die verheerenden Erdbeben, die sich im Jahre 1997 in Italien ereigneten. Die Fernsehbilder vom zerstörerischen Wirken der Erdstöße hatten sich auch den Schülern tief eingeprägt. Aus dieser Betroffenheit erwuchs die Frage nach der Existenz dieses Naturphänomens in der Antike. Wir erinnerten uns an die Eingangsverse des Orpheuszyklus:

> *cecini plectro graviore Gigantas*
> *Sparsaque Phlegraeis victricia fulmina campis.*

Erdbeben in Italien

cecini plectro graviore Gigantas
sparsaque Phlegraeis victricia fulmina campis

Neve foret terris securior arduus aether,
adfectasse ferunt regnum caeleste Gigantas
altaque congestos struxisse ad sidera montes
tum pater omnipotens misso perfregit Olympum
fulmine et excussit subiectae Pelion Ossae;

Unserem Projektvorhaben folgend, nämlich das Netz als Informationsquelle zu nutzen, verbanden wir die Stichworte „Campi Phlegraei" mit dem von der aktuellen Nachrichtenlage nahe gelegten Thema „Erdbeben bzw. Vulkanismus". Eine Fülle von brauchbaren „Seiten" lieferte uns Daten, Bilder und Beschreibungen der Erscheinungsformen des Vulkanismus im Gebiet der „Campi Flegrei".[17] Die Projektteilnehmer sahen, dass es Kontinuität von der Antike bis heute nicht nur in den Bereichen der Literatur, der Geschichte, der Kunst und der allgemein menschlichen Motive etc. gibt, sondern auch in den Erfahrungen der Menschen mit Naturkatastrophen, wie sie sich am Beispiel der Erdbeben in Italien zeigten.

5.11 Apollo und Hyacinthus

In einem Projekt, das den Einsatz von computergestützter Multimedia-Technik im Literaturunterricht erkundet, darf die Musik als wichtiges Gebiet der Rezeption nicht außen vor bleiben. Durch den Internetkatalog der Firma Philips[18] wurden wir auf ein frühes Singspiel Mozarts mit Namen „Apollo et Hyacinthus", dessen Handlung auf einem Libretto von Pater Rufinus Widl beruhte, aufmerksam. Rufinus Widl seinerseits schöpfte aus der entsprechenden Passage aus den Metamorphosen und baute einige Handlungsteile in seine „Neudichtung" ein. Die Anpassung von Motiven, Handlungen und Personen aus einer antiken Quelle an die Bedürfnisse der Zeit und des Mediums konnten bei unserem Ausflug in die Welt des Musiktheaters exemplarisch gezeigt werden.[19]

Converting Ovid's story of Apollo and Hyacinthus into a boys' school music drama must have been problematic, at best. But the good Father Widl was not deterred. To disguise its overtly homosexual theme he introduced several new characters, including Melia, sister of Hyacinthus, who could now conveniently serve as the subject of Apollo and Zephyrus' affections. (Ironically, because there were no female students at the university, that character would have to be sung by a boy.)

Apollo et Hyacinthus

24

121

5.12 Disney's Hercules

Eine Veränderung der antiken Vorlage ganz anderer Art wurde erkennbar auch an einem frisch in unseren Unterricht geplatzten Zeichentrickfilm.

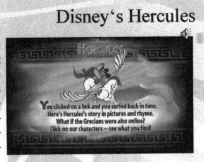

The Hercules of today has been altered to appeal to the viewing public, a necessity in order to obtain high enough ratings to produce a profit and enable the television series to continue production.
This means that Hercules is now loyal to his wife, honest, peaceful, and kind to children and small animals. However, the end result is the same. Hercules is popular now much as he was in ancient Greece and Rome.

Seit Tagen war die Premiere des neuesten Zeichentrickfilms aus der Werkstatt Walt Disney's „Hercules"[20] im örtlichen Kino Gesprächsthema in den Klassen der Unter- und Mittelstufe. Jedoch auch die Mitglieder des Lk Latein waren – natürlich nur aus „wissenschaftlichen" Gründen – interessiert an diesem Kinofilm. Getreu unserer Methode, die Spuren der Metamorphosen ohne Vorbehalt in allen Bereichen des modernen Lebens zu erwarten und ihnen nachzugehen, unterbrachen wir unsere Unterrichtseinheit „Orpheus-Zyklus". „Hercules" gab uns das Thema für die nächsten Stunden.

Aus dem www erhielten wir auf der Homepage der Walt Disney Filmstudios Interpretationsanregungen für Disney's Zeichentrickfilm:[21]

„Der Herkules von heute ist verändert worden, um bei den Zuschauern anzukommen. Eine Notwendigkeit, um mit ausreichend hohen Beliebtheitsgraden einen Profit zu erwirtschaften und es den Fernsehserien zu ermöglichen, die Produktion fortzusetzen.

Das heißt, dass Herkules jetzt treu zu seiner Frau, ehrlich, friedvoll und freundlich zu Kindern und kleinen Tieren ist. Das Endergebnis ist jedoch das gleiche. Herkules ist heute genauso beliebt wie im alten Griechenland und in Rom."

Wir lasen die entsprechenden Verse aus den Metamorphosen und beschlossen, den Film unter dem Gesichtspunkt der Veränderung des literarischen Vorbildes anzuschauen. Wieder waren im Nachhinein unsere Leistungskursler gern befragte Experten, was die „Echtheit" des Disney'schen Hercules betrifft.

5.13 Star Trek und Apollon

Ein weiterer Beleg, auf welch
unerwartetem Terrain die Antike
weiterlebt, war der Hinweis
eines Schülers auf das Vorkom-
men antiker Götter in der Star
Trek-Staffel. Schnell hatten wir
einige Artikel im Internet ausfin-
dig gemacht, die sich mit diesem
Thema befassen. Das Paradoxon
„Apollon und Captain Kirk"
wurde zum spannenden Erlebnis.
Das prima vista Unverständliche
und Überraschende motivierte
uns nachzufragen. Wir hörten in
einer Unterrichtsstunde des Lk
Latein das Referat eines
Schülers, der sich auf die Raum-
schiff-Enterprise-Filme speziali-
siert hatte. Seine Informationen bezog unser Experte aus dem www ebenso wie
aus der Betrachtung der entsprechenden Filmausschnitte. Das Thema des Re-
ferats lautete:

„Bedeutung der griechisch-römischen Mythologie für den Fantasy- oder
Science-Fiction-Film; grundsätzliche Überlegungen." Wieder war es uns ein
Anliegen, den Blick für das Hinter-der-Fassade-Stehende zu schärfen. Einige
Zitate, die der „Referent aus unseren Reihen" seinen Ausführungen zugrunde
legte, sollen einerseits die Relevanz unserer Beschäftigung mit dem Komplex
„Science Fiction" belegen, andererseits die Beliebtheit antiker Mythen in die-
ser Art von Filmen erklären:[22]

- *Classical studies and mythology are generally seen as „old news", part of
  the past. However, mentions of ancient history continue to appear in unusual
  places.*
- *Science fiction can use ancient history and mythology as a way to teach a
  „lesson" while not being overly obvious about it. Classical civilizations and
  mythology may be used so often because they open the range of possibilities
  while providing a base core of knowledge.*
- *Storylines that have survived this long have proven their stability, popularity
  and usefulness.*
- *The fact that there is no „one correct" version to many of these myths and
  stories adds flexibility and allows for creative expression.*
- *Knowing history will help to prevent us from making the same mistakes that
  others have made before us.*

Juppiters Geliebte
im All

Rex superum Phrygii
quondam Ganymedis amore arsit ...
qui nunc pocula miscet
invitaque Iovi nectar Iunone ministrat.[27]

Dass die Astronomie einer der Fachbereiche ist, mit denen wir im Laufe unserer Beschäftigung mit den Metamorphosen Ovids immer wieder in Berührung kamen, ist angesichts der Vielzahl von Katasterismoi in den Verwandlungsgeschichten keine Überraschung. Dass jedoch gerade die amerikanische Weltraumbehörde NASA mit ihrer Homepage uns dazu phantastische Informationen bot, die wir auf dem Bildschirm unserer Schulcomputer gleichsam ins Haus geliefert bekamen, ist wiederum ein Novum in der Gestaltung und Organisation eines Latein-Leistungskurses. Die obige Folie führt in der gewohnten Form der Computercollage den lateinischen Text der Ganymedgeschichte, eine römische Skulptur des Raubs des schönen Mundschenks durch Iuppiter[23] und eine Teleskopaufnahme des Planeten Jupiter im Kreise seiner Monde „Io, Europa, Ganymed und Kallisto" zusammen. Wie in den mythischen Erzählungen der Metamorphosen, so schart Iuppiter auch im Planetensystem des Weltalls seine Geliebten um sich.

6. Fächerübergreifender Ansatz

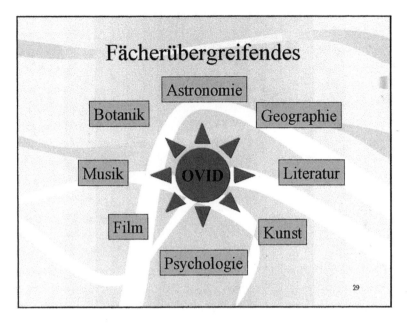

Der Aspektreichtum der im Netz abgebildeten Wirklichkeit und die Erfahrungen mit dem als Basistext unserer Arbeit fungierenden Metamorphosen erforderten einen in starkem Maße fächerübergreifenden Ansatz. Die Einbettung des (um)welterklärenden Werkes Ovids in den Kontext anderer Wissensgebiete wurde damit konkret und beispielhaft aufgezeigt. Eine schulinterne Abstimmung mit Kollegen anderer Fachrichtungen war für das Gelingen unseres Projektansatzes unabdingbar. Fächergrenzen wurden aufgebrochen!

7. Gestaltung und Organisation des Unterrichts

Der weitgehend unhierarchische Aufbau des www verlangte von Schülern und Lehrer ein hohes Maß an Flexibilität, was die Unterrichtsgestaltung betraf. Der Einfluss der Schüler auf die Planung der einzelnen Projekteinheiten war groß. Die bei allen Teilnehmern vorhandene Gefahr der „Surfomanie" zwang uns zu strenger Selbstdisziplin in der Rückführung der Suchergebnisse auf die antiken Quellen. Da das Angebot des Netzes weitestgehend ungefiltert auf uns zukam, war die intensive Vor- und Nachbereitung des Recherchierten und des zu Recherchierenden von höchster Wichtigkeit. Selbstverständlich war der

Umgang mit den neuen Medien eingebettet in ein nach wie vor vorhandenes konventionelles Unterrichten. Traditionelle Unterrichtselemente wie Lektüre, Übersetzung und grammatische Arbeit etc. wurden nicht abgelöst, sondern erfuhren eine motivierende Ergänzung durch den Einsatz der neuen Multimediatechnik. Das Gleiche gilt für die Verwendung traditioneller Arbeitsmittel wie Buch, Heft, Tafel, Over-Head etc.

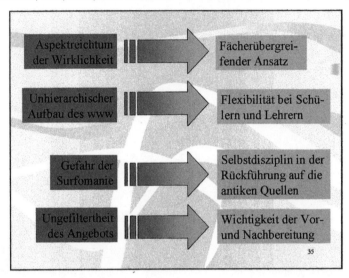

8. Produktion einer CD-ROM

Durch die Zusammenführung von Text, Bild und Ton in einer multimedialen CD-ROM wurde ein synästhetisches Erlebnis antiker Literatur und ihrer Beziehungen zu unserer Zeit ermöglicht. Diese CD-ROM soll demnächst auch anderen Schulen zur Verfügung gestellt werden.[24]

9. Bookmarks

Es wird in Zukunft nötig sein, so wie Fachkonferenzen über die Anschaffung von Lehrbüchern entschieden haben, auch über die Aufnahme nutzbringender Internetadressen in die „Fachgruppen-Bookmarks" zu beschließen. Diese in den Schulen entstehenden Zugriffe auf die „globale Bibliothek" erfordern unsere fachliche und pädagogische Kompetenz. Hierzu hat unser Projekt schon für das Fach Latein eine größere Sammlung erstellt. Kollegen anderer Fächer wundern sich, wie fächerübergreifend die Streuung dieser Lesezeichen ist.

10. Neue Wege im Lateinunterricht

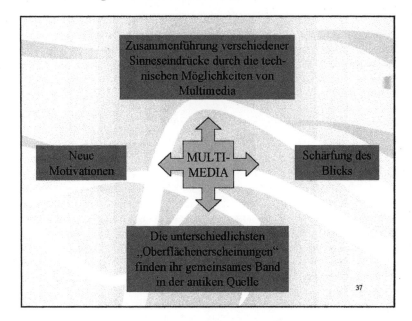

Die neuen methodischen und didaktischen Ansätze, die den Zugang zum Fach Latein über die aktuellen Einstiegspunkte des www und anderer multimedialer Informationsanbieter suchen, die fächerübergreifende Grundtendenz des Vorhabens und das quasi mitgelieferte Erlernen des Umgangs mit den neuen Medien innerhalb des regulären Fachunterrichts weisen neue Wege in der Vermittlung der so vielgestaltigen Kultur der Antike und bilden eine attraktive Ergänzung des traditionellen Unterrichts.

11. Conclusio

Kerngedanke des Projektes war es, mit Hilfe der multimedialen Technik die Antike am Beispiel von Ovids Metamorphosen in Text, Bild und Ton als ein interdisziplinäres Erlebnis erfahrbar zu machen. Die so vielgestaltige „Oberfläche des Bildschirms" wurde durch die Möglichkeiten der neuen Medien zusammengeführt und fand in der antiken Quelle ihr gemeinsames Band. Das Vorgehen, „von der Oberfläche in die Tiefe zu tauchen", schärfte den kritischen Blick der Schülerinnen und Schüler und förderte ihre Fähigkeit, sinnvoll und zielorientiert mit den Sinneseindrücken der virtuellen Welt umzugehen.

Sie wurden aufmerksam und wach, die Spuren der Antike in ganz unterschiedlichen, oft überraschenden Bereichen der Gegenwart zu erwarten und zu suchen. Sie stellten fest, dass die Antike mit ihrer Kultur und Literatur, mit ihrer Art und Weise, die Dinge zu sehen und zu beurteilen, wichtige Beiträge zur Erklärung unserer heutigen Welt leisten kann. Sie machten die Erfahrung, dass durch die Beschäftigung mit den Fächern Latein und Griechisch eine gemeinsame Wissensgrundlage geschaffen wird, die dazu dient, Ordnung in eine chaotische Welt der Bilder und Eindrücke zu bringen.

Die Wege, die wir von der Oberfläche des Netzes zu den Quellen des antiken Originals beschritten, konnten dabei, wie gesehen, je nach der Beschaffenheit des Einstiegspunktes ganz unterschiedlich ausfallen. Um die Brücke von der aktuellen Wirklichkeit zur Welt der Griechen und Römer zu schlagen, bedurfte es der Phantasie und Kreativität, denn die Pfade der Recherche waren oft nicht geradlinig, sondern wiesen Sackgassen und Irrwege auf.

Text, Bild und Ton ließen sich durch die technischen Möglichkeiten von Multimediacomputern auf einem Speicher- und Präsentationsmedium zusammenführen und auch darstellen. Das Erarbeiten der dabei entstandenen „Aspektcollagen" zur Präsentation der Projektergebnisse war eine Tätigkeit, die viel Kreativität und Geschick verlangt.

Bleibt noch anzumerken, dass sich der Einsatz von „Multimedia, www und Co." positiv auf die Motivation der Schüler und Schülerinnen ausgewirkt hat. Es lag schon ein besonderer Reiz darin, im Umgang mit innovativen Techniken und modernsten Informationssystemen sich der klassischen Antike zu nähern. Dieser Motivationsschub war deutlich auch in denjenigen Abschnitten des Unterrichts zu spüren, die in traditioneller Form abgehalten wurden.

Wie Ovid in seinen aitiologischen Geschichten die ihn umgebende Natur als großes Lesebuch empfindet, dessen verborgene Zeichensprache und Hintergründe er uns zu verstehen lehrt, so ließen auch wir uns anregen, die „Metamorphosen-Spuren" in der großen Weltausstellung des www zu betrachten und auf ihre Beziehung zur Antike zu hinterfragen. Aristoteles würde sagen: „Wir lernten, die Ähnlichkeiten in der Welt zu sehen."

Diese Methode Ovids fand Anwendung in der Art und Weise des Herangehens an das große Lesebuch des www. Hinter den Bildern und Informationen der

Datenautobahn wurde immer wieder der lateinische Text des Orpheus-Zyklus deutlich. Wir ließen uns ermuntern, den spannenden Weg von der aktuellen, bunten virtuellen Welt hinab zur Basis der Antike zu gehen. Die Basis des antiken Textes wurde zum ordnungschaffenden Konzentrationspunkt.

Am Ende unserer Fahrt auf der hohen See des www entdeckten wir, in welch überraschenden Zusammenhängen die Antike fortlebt, und wie klar Ovids 2000 Jahre alter Text, wenn man nur richtig schaut, hinter dem Computermonitor durchschimmert.

> **Iamque opus exegi, quod nec Iovis ira nec ignes**
> **nec poterit ferrum nec edax abolere vetustas.**
> **Cum volet, illa dies, quae nil nisi corporis huius**
> **ius habet, incerti spatium mihi finiat aevi:**
> **parte tamen meliore mei super alta perennis**
> **astra ferar, nomenque erit indelebile nostrum,**
> **quaque patet domitis Romana potentia terris,**
> **ore legar populi, perque omnia saecula fama,**
> **siquid habent veri vatum praesagia, vivam.**

Ob die stolze Aussage des Dichters am Ende seines welterklärenden Gedichts auch einmal für die ins Netz gestellten Seiten gilt?

Anmerkungen

[1] http://web.lexis-nexis.com/cqc-german
[2] http://www.mistral.culture.fr/louvre/espagnol/magazine/nico.htm
http://www.mosarca.com/CDROM/CDPOUS1.htm
http://www.cd-rom-depot.qc.ca/\log\n1102.htm
http://sunsite.auc.dk/pub/art/cjackson/poussin.html
[3] Irish Times, 15. 3. 1995, Brian Fallon.
[4] The Times, 14. 1. 1995, Richard Cork.
[5] The Times, 25. 2. 1995, Patricia Morison.
[6] Nicolas Poussin, Analyse scientifique de 40 œuvre (CD-ROM PC), Paris, Euritis, 1994.
[7] http://www.showgate.com/medea/bulfinch/bull8.htm
[8] http://www.uvm.edu/~slides/c068.jpeg
[9] Nicolas Poussin, Analyse scientifique de 40 œuvre (CD-ROM PC), Paris, Euritis, 1994.
[10] http://www.showgate.com/medea/bulfinch/bull8.htm
[11] Neue Zürcher Zeitung, 29. 1. 1994, Ernst A. Schmidt.
[12] http://macimk44.uio.no/studentene/m.s.rogne/pwoman.html
[13] Neue Zürcher Zeitung, 30. 10. 1997.
[14] http://keirsey.com/pygmalion/mirroroffiction.htm
[15] http://www.students.uiuc.edu/~apcg1102/pyg.html (J. L. Gerome)
http://www.acmc.ug.edu.au/~gwl/Boris.Vallejo/Pygmalion.ipg
http://www.showgate.com/medea/bulfinch/graphics/pygmal.gif
http://www.thais.it/scultura/image/sch00002.html (Gian Lorenzo Bernini)
[16] http://www.uvm.edu/~classics/slides/c067.jpeg
[17] http://www.geomar.dc/personal/bbehncke/CAMPIFLEGREI.html
http://www.iiv.ct.cnr.it
[18] http://www.philclas.polygram.nl/class/422/422526.htm
[19] http://www.frontiernet.net/~sboerner/mozart/compositions/k_38_.html
Vgl. hierzu den Covertext der CD mit folgender Einführung zum Singspiel: *„Ovids Geschichte von Apollo und Hyacinthus in ein Musikdrama an einer Jungenschule zu verwandeln, muss, günstigenfalls, problematisch gewesen sein. Aber der gute Pater Widl ließ sich nicht davon abhalten. Um sein offenes, homosexuelles Thema zu tarnen, führte er zahlreiche neue Rollen ein, einschließlich Melia, die Schwester von Hyacinthus, die jetzt als Gegenstand von Apollos und Zephyrus Zuneigung dient. (Ironisch, denn an der Universität gab es keine Studentinnen. Dieser Charakter hätte von einem Jungen gesunden werden müssen.)"*
[20] http://www.disney.com/Hercules/_index.html
[21] http://www.missouri.edu/~c570492/capstone.html
[22] http://www mygale.org/sstartrek/images/stk02.jpg
[23] http://www.uvm.edu/~classics/slides/c071.jpeg
[24] Die Homepage unseres Projekts lautet:
http://www.fes.hd.bw.schule.de/gym/faecher/latein/orpheus/orphnetz.htm

Peter Grau

Texte lesen mit Bildern

Rezeptionsdokumente in den modernen Schulausgaben[1]

1. Latein als sprach- und kulturhistorisches Fach[2]

Mit „grundsätzlichen Überlegungen zur Gestaltung von Textausgaben" befasste sich 1982 ein Arbeitskreis auf der DAV-Tagung in Mainz. Die Forderungen lauteten: „Textausgaben für den altsprachlichen Unterricht bestehen aus
folgenden Elementen: Einleitung, Text, Wort- und Sachkommentar, Arbeitsaufträge, Begleittexte, Varia".[3] Einen Hinweis auf Abbildungen suchen wir dort
vergeblich, auch unter Varia, ebenso in den Textausgaben[4], die zu jener Zeit
erschienen. Unberücksichtigt war also geblieben, was bereits 1976 durch eine
Anregung OTTO SCHÖNBERGERS[5] zu einer Änderung in der DAV-Lernzielmatrix
geführt hatte: Die Inhaltsklasse 'Literatur' wurde um den Bereich 'Kunst'
erweitert, da diese „einen besonderen Beitrag zur Erweiterung der Interpreta-
tionsfähigkeit leistet und damit zur Urteilsfähigkeit im Bereich der Kultur, zur
Kulturkompetenz beiträgt".[6] Eine Begrenzung auf antike Kunst hoben die
neuen Lehrpläne auf: „Fähigkeit, Formen, Motive und Fragestellungen der
lateinischen Literatur in der europäischen Literatur und Kunst wieder zu
erkennen" forderten z. B. die Richtlinien von Nordrhein-Westfalen.[7]

2. Die 'Eichstätter Datenbank zur Antike-Rezeption'

Seit 1991 befindet sich diese Computer-Datenbank im 'Bereich Kunst' im Aufbau (Motto: 'sine fine'). Hier wird versucht, das zu realisieren, was RENATE
PIECHA[8] 1994 noch als Desiderat formulierte: „Was fehlt, sind mindestens
aktuelle Hinweise auf qualitativ hochwertige und damit bei Bedarf reprodu-
zierbare Abbildungen aus leicht zugänglichen Quellen ... Eine solche Datenbank sollte auch Hinweise auf Rezeptionsdokumente aller Epochen umfassen
(und zwar nicht nur bei den nahe liegenden Autoren wie Ovid, Vergil oder
Livius)."

Die 'Eichstätter Datenbank' besteht aus drei Dateien, die sich verbinden bzw.
neu anordnen lassen:

(1) Die AUTOREN-Datei. Sie umfasst bis jetzt etwa 970 Stichwörter aus der
antiken Mythologie und Geschichte, (alphabetisch) von *'Abdalonymus'* (Cur-
tius Rufus 4,1,19) bis *'Zeuxis – malt Helena'* (Cicero, de inv. 2,1,1 f.), oder

(nach Autoren und Stellen angeordnet) von *Aesop* (z. B. Fabel 74: 'Der Satyr beim Bauern') bis *Xenophon* (Mem., 2,1,21 ff.: Herakles am Scheideweg). **(2) Die MYTHOS-Datei** (bezieht auch historische Gestalten der Antike mit ein). In ihr werden Hinweise zu den entsprechenden Kunstwerken gesammelt, beginnend mit der Spätantike (illustrierte Codices zu Vergils Aeneis) bis hin zur Gegenwart, nach Möglichkeit mit Abbildungsnachweisen.

Die Datei zählt momentan 25 000 Einträge, Schwerpunkte bilden die Rezeptionsdokumente zu Ovids Metamorphosen (8000 Einträge), Vergils Aeneis (2000), Livius (1300), im Griechischen zu Homers Odyssee (790) und Herodot (100). **(3) Die KUNSTHISTORISCHE LITERATUR-Datei.** In ihr können die aus ökonomischen Gründen erfolgten Abkürzungen der Literaturangaben in der Mythos-Datei aufgeschlüsselt werden. Sie dokumentiert die durchforstete Literatur: Standardwerke und Lexika der Kunst, Künstlermonographien, kunsthistorische Zeitschriften, Führer und Ausstellungskataloge. Ermöglicht wird dies durch die guten Arbeitsmöglichkeiten in den Fachbereichsbibliotheken der Universität, speziell der kunsthistorischen Abteilung.

Welche Einsatzmöglichkeiten hat die 'Eichstätter Datenbank' bisher gefunden?

Eine Bemerkung vorweg: Es gibt keine Zugriffsmöglichkeit via Internet[9], sondern nur den traditionellen Weg der Korrespondenz. Es werden auf Anfrage sog. DOKUMENTE zur Verfügung gestellt, d. h. ein Datenausdruck kombiniert mit einer S/W-Kopie. Die Arbeit am Detail (z. B. Herstellung eines Diapositivs oder einer Folie, Auswertung der Materialien und ihre didaktisch-methodische Umsetzung) bleibt beim einzelnen Benutzer. Diese Möglichkeit wurde bisher für folgende Bereiche genutzt: Seminararbeiten und schriftl. Hausarbeiten (Universität); schriftl. Hausarbeiten für die 2. Lehramtsprüfung (Referendare); Lehrbuch- und Textausgaben (Bearbeiter bzw. Verlage); Erstellung von Unterrichtsprojekten (Lehrkräfte); Facharbeiten in der Kollegstufe.

3. Überlegungen zur Bildauswahl

(Die nachfolgenden Überlegungen werden am Beispiel von Vergils Aeneis angestellt.)

3.1 Problematik der Beschränkung auf einen bestimmten Zyklus

Für einen Schulbuchverlag äußerst kostengünstig wäre eine Beschränkung auf den Holzschnittzyklus der 1502 in Straßburg bei Grüninger gedruckten Brant'schen Vergilausgabe.[10] Dem Bearbeiter fiele lediglich die Aufgabe zu, aus dem Zyklus von 136 Bildern entsprechend den aufgenommenen Textabschnitten auszuwählen.

Das mag auf den ersten Blick reizvoll erscheinen, zumal die eng am Text orientierten Illustrationen, so wie im 16. Jh. intendiert, auch dem Schüler des 20. Jh.s echte Verständnishilfen geben könnten.

Für den Schüler ergibt sich aber bald Monotonie. Wohl kaum würde er spontan weiterblättern, zumal zu nicht behandelten Stellen bzw. Bildern, da die anspruchsvollen Details der Einzelbilder ihm verschlossen blieben. Eine ausführliche Beschreibung (als Beilage) würde andererseits den Text-Bild-Bezug aufheben. Entscheidend jedoch dürfte sein, dass der Schülereindruck über die Vergil-Rezeption äußerst beschränkt wäre: anstatt einer Fülle aus 1500 Jahren nur strenge Holzschnitte aus der Frühphase des Buchdrucks. Anders und doch ähnlich gelagert wäre der Fall bei der Übernahme des Barry Moser-Zyklus (1981).[11] Der Aussagegehalt der 13 Bilder ist von dem der Holzschnitte in der Grüninger-Ausgabe total verschieden, würde aber auf Grund seiner einseitigen Festlegung auf die two-voices-theory letztlich ein ebenso enges bzw. einseitiges Bild der Vergil-Rezeption ergeben.[12]

3.2 Ausnutzung der (druck-)technischen Möglichkeiten

Was in lateinischen Unterrichtswerken schon etwa ein Jahrzehnt praktiziert wird, setzt sich nun auch im Bereich lateinischer Textausgaben durch. Waren bisher nur die Umschläge farbig, so liegen jetzt erste Modelle vor, in denen auch das Bildmaterial farbig wiedergegeben wird. Dieser Fortschritt wird zweifellos der Entwicklung im drucktechnischen Bereich verdankt. Für unsere schulische Arbeit ergibt sich hier aber eine große Bereicherung:
– die Farbgebung spricht das ästhetische Empfinden an und verstärkt somit die Motivation, sich mit dem Bild auseinander zu setzen
– nur die farbige Abbildung präsentiert den vollen Wert eines Kunstwerkes
– gerade die Wahl der Farben durch den Künstler ist – besonders bei modernen Kunstwerken – für die Interpretation von besonderem Stellenwert.
Es wäre zu überlegen, ob nicht eine Erweiterung durch Folienpakete erstrebenswert wäre. Für die konzentrierte Interpretationsarbeit im Unterricht wäre es zweifellos ein Gewinn.
Das Medium der Zukunft hat Rainer Nickel[13] skizziert: Die CD-ROM als Komplett-Paket mit Text, Übersetzung, Karten, Abbildungen und sogar Spielfilmszenen (bzw. Opernausschnitten).

3.3 Grundlegend: Adressat ist der Schüler

Bei den ersten bebilderten Schulausgaben (z. B. ratio/Ovid 1987) konnte der Eindruck entstehen, dass Zufallsfunde die Ausgaben schmückten: die Angaben vage, Fehlanzeige bei Bildnachweisen. Die heute zur Verfügung stehende Fülle birgt eine andere Gefahr: der persönliche Geschmack dominiert die Auswahl. Ein für mich auch noch nach elf Jahren nicht verständliches Beispiel: Mit Lorrain, Robert, Anastasi bzw. Corot, Remond und Dillis sind anerkannte

Landschaftsmaler des 17.–19. Jh.s aus Frankreich und Deutschland für die Schauseite eines bekannten lat. Unterrichtswerkes ausgewählt worden. Für die Umschlagsgestaltung gilt, was eine Studentin (nach einer Umfrage bei Schülern) für einen Band festhielt: „Diese Ausgabe ist für Schüler bestimmt, die bereits Erfahrungen in einer 1. Fremdsprache gesammelt haben. Die Schüler gehen also mit einer bestimmten Erwartungshaltung an die neue Sprache und damit an das neue Lehrbuch heran. Das Bild ist als 'Der Campo Vaccino in Rom' bezeichnet. Der Bildausschnitt zeigt, wie das Forum Romanum im 17. Jh. ausgesehen hat. Für den Schüler ist es uninteressant, ob das Forum Romanum irgendwann einmal als Viehweide genutzt wurde oder nicht. Interessant ist entweder der Zustand des Forums in der Antike (Rekonstruktionsmodell) oder aber der jetzige Zustand."[14]

Das Coverproblem besteht heute auch für Textausgaben. Das Umschlagbild sollte eine relevante Szene des Epos aufgreifen und dem Kenntnisstand der Schüler entsprechen. Vorgaben der Lehrbücher mit Darstellungen aus der antiken Kunst sind: das hölzerne Pferd; Laokoon; Aeneas rettet Anchises. Dabei dürfte der 'pius Aeneas' in besonderer Weise eine Zentralaussage des Epos darstellen. Die verfremdende, für manche sogar befremdliche Tuschzeichnung von Barry Moser (1981) eignete sich nicht nur für die Lay-Out-Vorgaben (schwarz/weiß; 6 x 6 cm), sondern kann auch das Interesse der Schüler wecken: Bekanntes in ungewohnter Gestaltung. Nicht Heldenpose, sondern menschliches Schicksal dominiert. „Mit Aeneas zeichnet Vergil keine Lichtgestalt, sondern einen 'Helden', dem nichts Menschliches fremd ist, mit Verantwortungsbewusstsein, gelegentlich aber auch Verzweiflung und Wut, einen Mann, der Krieg, Flucht, Verlust von Familienangehörigen erlebt und sich vor die Entscheidung zwischen Liebe und politischem Auftrag gestellt sieht."[15] So versucht der Vorspann, der sich ausdrücklich an den Schüler wendet, diese Leitlinie zu verdeutlichen.

3.4 Informationen und Fragen zu den einzelnen Bildern

Der Einwand ist berechtigt, dass der Lateinlehrer für eine kunsthistorische Betrachtungsweise über keine Ausbildung verfüge und so die Einbeziehung des Bildmaterials eine Überforderung darstelle.

So genügt es nicht, dass ein Bild nur mit einer knappen Erklärung (Titel, Künstler, Aufbewahrungsort) versehen wird. Erläuterungen wie 'Venezianischer Holzschnitt' (gemeint ist die erste illustrierte gedruckte Ovidausgabe, Venedig 1497) oder 'Collage, 20. Jh.' (einer jetzt aktiven Künstlerin) sind unzureichend. Es ist begrüßenswert, dass schon mehrere Ausgaben dazu übergegangen sind, im Einführungsteil einen Überblick über die Aeneis-Rezeption in der Kunst zu geben, wobei die ausgewählten Bilder eingeordnet werden.

In einem kurzen Informationsblock zu den einzelnen Bildern müssen die wichtigsten Fakten in einer Lehrern wie Schülern verständlichen Formulierung zusammengefasst werden. Besondere Sorgfalt erfordern moderne Künstler, die u. U. mit einer markanten Selbstdarstellung (im Optimalfall zum ausgewählten Werk) zitiert werden sollten.

Rudolf Hausner erläutert seinen „Großen Laokoon" (1967) mit seinem ersten Flugerlebnis, bei dem ihm im Anblick der Tragfläche und des Weltraums die Laokoongruppe in Erinnerung gekommen sei. Er schreibt: „Ein merkwürdiger Mensch, dieser Laokoon: Er erkennt in einer kritischen Situation als Einziger die Wahrheit und hat auch den seltenen Mut sie zu bekennen ... Mit dem Malen verstand ich unser aller trojanische Situation, die darin besteht, dass wir an ein hypertrophes, technisches Instrumentarium gefesselt sind, das uns einerseits unentbehrlich geworden ist und andrerseits unsere Vernichtung in latenter Bereitschaft hält. Laokoon bedeutet eine Warnung und gleichzeitig eine Aufforderung zur Humanisierung der Technik."[16]

Es wäre wünschenswert, dass diese Information beim Bild platziert wird, so dass der Schüler auch selbstständig beim spontanen Durchblättern zu einem vertieften Verständnis geführt wird.

Ähnlich wie bei den Fragen zum Text mag auch bei Fragen zum Bild gelten: Gängelung des Lehrers oder Hilfestellung? Vorformulierte Fragen zum Bild sollten als Möglichkeit betrachtet werden, sie sollten nicht systematisch wiederholend den Dreischritt Beschreibung – Deutung – Wertung auflisten, sondern einen bestimmten Aspekt herausheben. Ein diesbezüglicher Erwartungshorizont im Lehrerheft könnte vor allzu großer Subjektivität (des Laien!) bewahren.

3.5 Unterschiedliche Einsatzmöglichkeiten der Bilder

Der kurze Abriss über die Aeneis-Rezeption im Bereich Kunst (vgl. Anm. 1) sollte nicht nur einen chronologischen Überblick, sondern auch einen Hinweis auf Interpretations-Kategorien geben. Diese sollen in ihrer didaktisch-methodischen Verwendbarkeit näher erklärt werden.

a) Die Illustration

Wenn auch mehr oder weniger jedes Rezeptionsdokument eine vorgegebene Situation, Episode, Textstelle wiedergibt, so trifft dies doch in besonderer Weise für die Phase der frühen Buchillustration im 16. Jh. zu. Gerade die Grüninger-Ausgabe hat es sich zum Ziel gesetzt, Lesehilfe zu geben, und legt deshalb eine hochgradige Entsprechung von Text und Bild vor. Man könnte es bei einer 'Kontrolle' belassen, die zweifellos beim Schüler zu einer genauen und konzentrierten Betrachtung des Textes und Bildes führt. Es bietet sich aber auch die Möglichkeit, das Bild als wirksame Hilfe für den Übersetzungsvorgang heranzuziehen.

Betrachten wir das erweiterte Aeneis-Prooemium (1,8 ff.): Für den Schüler steckt es voller Schwierigkeiten, nicht nur beim Übersetzungsvorgang, sondern auch für das Verständnis: Die Museninspiration wird angesprochen, ein göttliches Wesen rächt sich an einem gottesfürchtigen Mann. Dann der Sprung nach Karthago: mächtig, unter dem Schutz der Juno und doch vom Untergang bedroht: *sic volvere Parcas*. Zurück zur Saturnierin; ihre Motive: der Trojanische Krieg, das Urteil des Paris, die 'Ehren des geraubten Ganymed'! Der Lehrer wird die Einzelheiten klären, der Sachkommentar hilft sie sichern. Welcher Eindruck bleibt beim Schüler?

Der Dichter und die Vorgeschichte. Holzschnitt aus der 1502 in Straßburg gedruckten Vergilausgabe

Das Auftaktbild der Grüninger-Ausgabe bietet eine einprägsame Zusammenschau: Die Stichwörter sind ins Bild gesetzt (sogar beschriftet) und reihen sich um unseren Dichter. Der weite Bogen des Textes verdichtet sich in der konzentrierten Fassung des Holzschnittes.

136

b) Die Allegorie

Die Allegorie, die Form, 'etwas auf andere Weise auszudrücken', wird vor allem vom Barockzeitalter aufgegriffen. Sie setzt die Kenntnis der Aeneis als Grundwissen voraus, überträgt aber die Aussage des Epos auf zeitgenössische Vorgänge. Die Sendung des Aeneas wird vom weltlichen oder geistlichen Auftraggeber usurpiert. Wissen um die Funktion der Allegorie und Kenntnis der Aeneis lassen den Betrachter das Programm barocker Machtdemonstration entschlüsseln.

Jacopo Amigoni: Aeneas tötet Turnus. Fresko, 1721. Schleißheim, Weißer Saal

Das Deckenfresko im Zentralsaal des Schleißheimer Schlosses, 1721 von Amigoni geschaffen, zeigt eine im Barock häufig dargestellte Szene. Die Tradition des heroischen Barock favorisierte den glanzvollen abschließenden Sieg des Aeneas. Die Szenerie unseres Freskos hält sich eng an den Text: Turnus befindet sich in einer aussichtslosen Lage. In der ersten Phase des Kampfes war sein Schwert zerbrochen (der Knauf liegt vor Turnus). Bei dem Versuch, einen riesigen Felsbrocken auf Aeneas zu schleudern, versagen ihm die Kräfte. Selbst sein Streitwagen steht nicht mehr zur Verfügung. Das führerlose Gespann war davongestoben. Von Aeneas' Speer zu Fall gebracht erhebt er bittflehend die Hand, aber vergeblich. Aeneas erkennt den Schwertgurt des jungen Pallas wieder, den Turnus einst getötet hat. In grenzenloser Wut tritt er als Rächer des Pallas auf und versetzt Turnus den Todesstoß.

Barocke Machthaber wollen in ihrer Programmwahl nicht Weltliteratur illustrieren, sondern sie beziehen sich selbst ins Geschehen mit ein. Der Besucher von Schleißheim war und ist darauf schon eingestimmt, wenn er im Treppen-haus zum Saal emporsteigt. Dort bekommt in einem Fresko von Cosmas Damian Asam unser Held die Waffen für seine Ruhmestaten ausgehändigt: 'Besuch der Venus in der Schmiede des Vulkan' und 'Waffenübergabe an ihren Sohn' sind hier zusammengefasst. Und auf diesem Bild wird deutlich gezeigt, dass es sich um einen 'Aeneas Bavarus' handelt: Ein Schild trägt die bayerische Rautenfahne. Der Held hat unverkennbar die Gesichtszüge des Kurfürsten Max Emanuel, ja der 'blaue Kurfürst' trägt (nur hier!) einen blauen Panzer. Die Aus-sage wird klar: Der bayerische Kurfürst setzt sich mit Aeneas, dem Ahnherrn des römischen Reiches gleich. Und das bedeutet für ihn: sein Ziel ist die Kai-serkrone (Chancen sah er im spanischen Erbfolgekrieg und dann in der Prag-matischen Sanktion). Sie blieb ihm versagt. Das Kaisertum seines Sohnes Karl (VII.) erlebte er nicht mehr; und selbst dieses war nur ein politisch bedeu-tungsloses Zwischenspiel.

c) Moderne Kunst als Ausdruck existentieller Betroffenheit
Künstler des ausgehenden 20. Jh.s arbeiten in der Regel nicht im Auftrag oder nach Programm: Sie sind freischaffend. Wählen sie Themen aus der Antike, so bezeugt dies ihr Bildungsniveau, dokumentiert aber – noch stärker – ihr Inter-esse, ihr *'quid ad me'*. Diese Aktualität widerlegt einerseits den Vorwurf des Modernitätsdefizits des Faches Latein und ist andererseits imstande, beim Schüler emotionale Betroffenheit hervorzurufen.

Helga Ruppert-Tribian:
Aeneas verlässt Dido. Collage, 1972

138

'Sonnen können versinken' hat HELGA RUPPERT-TRIBIAN ihr Collagenbuch (1988) betitelt. Sie greift den antiken Mythos auf und sieht ihn aus ihrer Erfahrungswelt. „Wozu Collage?" schreibt sie. „In diesem Medium fand ich ideale Möglichkeiten, meine eigene dialektische Denk- und Gefühlsbeschaffenheit auszudrücken ... Mühelos wie der Traum bringt die Collage fragmentarisch aus allen Himmelsrichtungen Alltagsobjekte und solche der Kunstwelt in neue Zusammenhänge. Leistet Verstehenshilfe. Entschlüsselt oft dunklen Sinn durch konkrete Bilder ... Das Hineinversetzen in das fremde Ich kann zur Identifikation führen. Dann verschmelzen eigene Erfahrungen mit historischen Personen und fiktiven Gedanken."[17]

Aeneas verlässt Dido. Die Miniatur des Codex Vaticanus (Vat. lat. 3225, f. 39 v; 5. Jh.) lässt textgetreu Dido vom Turm aus die davonsegelnde Flotte des Aeneas entdecken. Das nächste Bild des Codex wird Dido auf dem Scheiterhaufen zeigen. Ruppert-Tribian hat die beiden Bilder gewissermaßen zusammengenommen und eine neue Perspektive gewählt: aus der Sicht (und Erlebniswelt) der verlassenen Frau. Didos Haltung ist von Untergang (verdunkelte Sonne) und Tod (Flammen des Scheiterhaufens, die auch auf die 'verzehrende Liebe' anspielen könnten) geprägt, aber auch vom Verfolgungswillen (übermächtige, bedrohliche Haltung; ausgestreckte Hände: sequar atris ignibus). Das kleine schwankende Schiff des Aeneas bewegt sich zwischen Dido und dem am Horizont auftauchenden Rom. Rom ist noch farblos, wird aber gekennzeichnet durch Triumphbogen (Siegessymbol), einen modernen Monumentalbau und eine Säule als Zeichen der Stärke. Darüber leuchtet die Goldmünze des Augustus als neue Sonne auf.

3.6 Zuordnung zum Text

Es gibt einen Prachtband 'Die Odyssee', herausgegeben vom Meisterfotografen Erich Lessing, freilich ohne den Homertext. Und wer sein Geld in die von Chagall illustrierte Odysseeausgabe investiert, tut es des Künstlers wegen. Sind wir auf dem Weg zum Bilderbuch (es gibt bereits Comic-Ausgaben zu Plautus, Terenz, Caesar und Ovid, sowie eine holländische Ausgabe zur Aeneis)? Nein! Es gilt, dass im Mittelpunkt unseres Lateinunterrichts die Arbeit am Text steht. Aus der Legitimation unseres Faches heraus wollen wir aber eine Besonderheit des Textes herausheben: Die Aeneis hat entscheidend auf Werke der Literatur, Musik und Kunst im Bereich unserer europäischen Kultur eingewirkt. Wenn das Fach Englisch heute den Themenbereich 'Kunst und Kultur' forciert, so dient dies dazu, wesentliche Aspekte des Gesamtbildes der englischen bzw. amerikanischen Gesellschaft zu beleuchten. Übertragen auf Latein entspräche der römischen Gesellschaft der Bereich Archäologie, mit der Rezeption umfassen wir auch (in Ausschnitten) europäische Kunst und Kultur.

Es ist die Aufgabe eines modernen Lateinunterrichts, diesen Rezeptionsvorgang in einigen Ansätzen aufzuzeigen. Dieses Anliegen fand auch in den vor-

gegebenen Lehrplänen, einer Reihe von fachdidaktischen Arbeiten, gelegentlich auch in fachwissenschaftlichen Beiträgen seinen Niederschlag.
Ziel der Vergillektüre ist die Aeneis als Gesamtwerk. Die schulische Realität zwingt zur Kürzung und Auswahl. Die Ausgabe der ratio-Reihe umfasst 33 Einheiten mit insgesamt 1300 Versen. Und zu einem Teil (50%) dieser Abschnitte wurde die Möglichkeit einer Bildbetrachtung gegeben. Der Vorrang des Textes bleibt unbestritten.

3.7 Möglichkeiten eines Überblicks über das Werk

Zu Recht wird in vielen Lehrplänen gefordert, die Aeneis als Gesamtwerk vorzustellen. Ebenso selbstverständlich ist, dass im Unterricht nur Schwerpunkte gesetzt werden können. Trotzdem erwartet der Lehrer, dass die Herausgeber einer Schulausgabe Ausschnitte aus dem Gesamtwerk bieten. Es gilt also auch Szenen aus dem 2. Teil (B. 7–12) entsprechend vorzulegen: mit Vokabelangaben, Sachkommentar und Bebilderung.
Wie kann ein Überblick über die Aeneis erarbeitet werden? Die Praxis wird zu Zusammenfassungen greifen, sei es in Form der Nacherzählung, von Schülerreferaten oder der Heranziehung einer deutschen Übersetzung. Eine bebilderte Ausgabe, die die eben genannten Anforderungen erfüllt, bietet eine weitere, anschauliche Möglichkeit: Im Mittelpunkt steht die Betrachtung der Bilder, einige wenige erklärende Sätze schaffen die Verbindung.
Auch die problematische zweite Aeneishälfte kann so, wenn auch nicht in Einzelheiten, in einer Leitlinie umfasst werden: Die erste Begegnung Aeneas' mit Euander und Pallas an der Stelle des späteren Rom, der tragische Zweikampf des Pallas mit Turnus und der Sieg des Aeneas über Turnus. Die drei bzw. vier für die ratio-Ausgabe ausgewählten Bilder dienen in diesem Zusammenhang nur der Illustration, ihr unterschiedlicher Aussagegehalt – sie sind verschiedenen Epochen entnommen – bleibt unberücksichtigt.

3.8 Anstöße zu weiteren Aktivitäten

Die Auseinandersetzung mit dem Bildmaterial könnte zu weiteren Aktivitäten innerhalb und außerhalb (fächerübergreifend) des Lateinunterrichts in zwei ganz verschiedenen Richtungen führen:
1. die künstlerische Gestaltung eines Aeneis-Themas durch die Schüler. Bewusst wurde eine Schülerarbeit (Fama-Gestalt durch Anja Eckert, 1985[18]) als Anstoß und auch zur Beseitigung der Hemmschwelle in die neue Ausgabe aufgenommen. Neben der Fama würde sich z. B. auch die Figur des Laokoon oder die Personifikation des Krieges zur künstlerischen Nachempfindung durch den Schüler eignen (fachdidaktische Erfahrungsberichte liegen vor[19]). Auch die Technik der Collagenkunst scheint geeignet, Ideen eines kreativen Schülers zum Ausdruck zu bringen.

In größerem Rahmen könnte es dann sogar zu einer Präsentation der Werke mit ergänzenden Texttafeln und Reproduktionen kommen, wie es HELMUT RUSS-EGGER am Karlsgymnasium in Bad Reichenhall praktiziert und dokumentiert hat[20], oder zu einem 'Projektorientierten Arbeiten', wie es MICHAELA PFEIFFER anhand eines Lorrain-Gemäldes in der Hamburger Kunsthalle vorgestellt hat.[21]

2. Eine ganz andere Möglichkeit wäre ein aeneiszentrierter Besuch eines Museums oder Schlosses.[22] Die Begegnung mit den beiden in der neuen Schulausgabe abgebildeten Kunstwerken aus Deutschland (Rubens, Neptun beruhigt den Sturm, Dresden, Gemäldegalerie Alter Meister; Amigoni, Zweikampf Aeneas – Turnus, Neues Schloss in Schleißheim/München) kann durch weitere Hinweise auf einen lohnenden Zwischenstop bei Städteexkursionen oder Studienfahrten ergänzt werden: Schloss Herrenhausen bei Hannover, das Neue Schloss in Stuttgart und als ein Geheimtip: der 16-teilige Aeneis-Zyklus auf Schloss Burgk in Thüringen.[23] Identifizierung der Szenen und Deutung des Programms integrieren unser Bemühen im Lateinunterricht in intensive Kulturarbeit.

Anmerkungen

[1] Die Ausführungen des Verfassers basieren auf den Erfahrungen seiner Mitarbeit an der Schulausgabe: OERTEL, H. L./GRAU, P.: Vergil, Aeneis. Textband, Kommentar, Lehrerheft (Reihe ratio). – Bamberg 1997.
Auf die stark vereinfachte „Chronologische Übersicht über die Vergil-Rezeption (Kunst)", die in Heidelberg mit Dias geboten wurde, wird hier verzichtet (vgl. OERTEL/GRAU, Kommentar, 28 f., Lehrerheft, 15 f.), ansonsten wurde in diesem Beitrag der Vortragscharakter beibehalten.

[2] MAIER, F.: Zum Profil eines zeitgemäßen L2-Unterrichts. In: MDAV 38 (1995), 1. FINK, G./MAIER, F.: Konkrete Fachdidaktik Latein – für Latein als 2. Fremdsprache. – München 1996, 95.

[3] GLÜCKLICH, H.-J.: Überblick über einige Schulausgaben der Aeneis und grundsätzliche Überlegungen zur Gestaltung von Textausgaben. Gymnasium 91 (1984), 119–134.

[4] Ausnahme: PRIDIK, K.-H.: P. Ovidius Naso, Metamorphosen. Text. Arbeitskommentar. Lehrerheft. Klett, Altsprachliche Texte Klett („Rote Reihe"). – Stuttgart 1981.

[5] SCHÖNBERGER, O.: Kunstbetrachtung im Altsprachlichen Unterricht. In: MDAV 19 (1976), 10–11.

[6] FRINGS, U./KEULEN, H./NICKEL, R.: Lexikon zum Lateinunterricht. – Freiburg/Würzburg 1981, 181.

[7] Richtlinien für die gymnasiale Oberstufe in Nordrhein-Westfalen. Lateinisch. – Köln 1981, 32.

[8] PIECHA, R.: Visualisierung im Lateinunterricht. Realienkunde und Rezeptionsdokumente in Lehrbuch- und Lektürephase. Europ. Hochschulschriften, Reihe 15: Klass. Sprachen u. Lit. 65. – Frankfurt 1994, 153.

[9] Allerdings wird eine kleine Auswahl an Bildern im Internet präsentiert: www.ku-eichstaett.de/SLF/Klassphil/grau/eichst.htm

[10] Vgl. die im Entstehen begriffene zweisprachige Reclamausgabe: BINDER, G./E.: Vergilius Maro, Aeneis. – Stuttgart 1995 ff.

[11] SUERBAUM, W.: Ein neuer Aeneis-Zyklus: darkness visible. Anregung 29 (1983) 1–25.

[12] Vgl. dazu FREITAG, CH.:Bild und Textverständnis am Beispiel von Barry Mosers Zyklus „Darkness Visible" zu Vergils 'Aeneis'. In: AU 40/3 (1997), 69–79.

[13] NICKEL, R.: „... was dem Philologen erspart, vom Schreibtisch aufzustehen". In: Anregung 42/6 (1996), 372–375.

[14] ROBITSCHKO, S.: Überlegungen zur Umschlagsgestaltung eines lateinischen Unterrichtswerkes (Referat einer fachdidaktischen Übung, Kath. Universität Eichstätt, SS 1995)

[15] OERTEL/GRAU, Textband, 3.

[16] Ausschnitt aus dem Begleittext bei OERTEL/GRAU, Kommentar, 47.

[17] RUPPERT-TRIBIAN, H.: Ein Traum, was sonst? – Stuttgart 1991, 241.

[18] Erstveröffentlichung bei KRAFT, M.: Die Gestalt der Fama: bei Vergil – bei Ovid – in der europäischen Literatur. Texte und Bilder zur Gestalt der Fama (Material). In: AU 29/3 (1986), 22–39.

[19] GRÜNEWALD, D.: Laokoon und seine Enkel. In: Kunst + Unterricht 72 (1982) April, 20–28. MAIER, F.: Die Nacht vor Didos Tod. In: Anregung 37 (1991), 146–149. DERS.: Das Gesicht des Krieges in Vergils Aeneis. Bilder als Anstoß und Ergebnis der Interpretation. In: Anregung 36 (1990), 306–319 [= Kleine Schriften, 209–224]. DERS.: Furor impius – No war! Bilder zu einem 'Bild' der Aeneis. In: MAIER, F./HOLZBERG, N.: Ut poesis pictura I (FS Suerbaum = AUXILIA 32). – Bamberg 1993, 29–34. DERS.: Furor. Kreative Rezeption im lateinischen Lektüreunterricht. In: AU 37/3+4 (1994), 92–102 [= Kleine Schriften, 196–207].

[20] RUSSEGGER, H.:Vergils „Aeneis" als Bilderbogen. In: DASIU 38/4 (1991), 7–12.17–19. DERS.: Aeneas zwischen Troia und Rom. Eine Collage zu einer Vergilausstellung. In: MAIER, F./HOLZBERG, N.: Ut poesis pictura I (FS Suerbaum = AUXILIA 32). a.O., 35–38.

[21] PFEIFFER, M.: Projektorientiertes Arbeiten im Lektüreunterricht (Vergil, Aeneis IV). In: AU 41/1 (1998), 5–18.

[22] MÜHL, K.: Archäologische Exkursionen im Lateinunterricht: Kulturfach Latein. In: Symposium Latein 2000 (Akademiebericht 226) Dillingen 1992, 211–218.

[23] Dazu jetzt: SUERBAUM, W.: Vergil visuell. [Fünf Beihefte zur Münchener Vergil-Ausstellung]. Beiheft 3, 13–17. – München 1998.

Rainer Nickel

Synoptisches Lesen
Zu Bedingungen und Möglichkeiten im Lateinunterricht

1. Sprachunterricht

1.1 Diagnose

Im neuesten Forum Classicum (2/1998, 9–19) teilt uns FRANZ PETER WAIBLIN-
GER seine „Überlegungen zum Konzept des lateinischen Sprachunterrichts"
mit. Er beginnt seine Überlegungen mit einer Beschreibung der „Situation":
Seit der Curriculumreform vor 25 Jahren werden die Lateinbücher immer bun-
ter, immer anregender, immer einfallsreicher, die Lehrpläne immer anspruchs-
voller, und Lern- und Unterrichtshilfen stehen in immer größerer Fülle zur Verfügung – und doch fehlt es bei vielen Schülern an Begeisterung, sind die
Ergebnisse oft dürftig, die Sprachkenntnisse nicht selten erbärmlich. Sogar im
Anfangsunterricht scheint die Motivation der Schüler manchmal schon nach
kurzer Zeit aufgebraucht zu sein, und die Klagen über ein ungeliebtes, wenn
nicht sogar verhasstes Fach sind weithin zu hören. Wenn selbst Eltern, die
davon überzeugt sind, dass die Alten Sprachen für die Bildung eines jungen
Menschen wichtig sind, erklären, noch einmal würden sie ihrem Kind Latein
nicht 'antun', so müssen wir uns fragen, ob wir mit dem Konzept des Sprachunterrichts auf dem richtigen Weg sind.
Als zentrales Problem markiert WAIBLINGER das Missverhältnis zwischen Aufwand und Ergebnis. Das Fach werde zur Farce, wenn jahrelanges Lateinlernen
nicht dazu befähige, die simpelste Inschrift und das schlichteste lateinische
Zitat zu übersetzen.[1]
WAIBLINGER sieht einen entscheidenden Grund für den Misserfolg in *methodischen* Fehlentscheidungen. Diese setzten den Durchschnittslateiner zu hohen
Anforderungen aus. Die Schülerinnen und Schüler würden mit unangemesse-
nen Schwierigkeiten konfrontiert. Den größten methodischen Fehler sieht
WAIBLINGER in der Vermittlung der Sprache durch (originale) Texte. Die frühe
Begegnung mit originalem oder doch wenigstens originalnahem Latein schon
in der Lehrbuchphase sei eine grandiose Überforderung. „Originaltexte sind
wegen ihrer Komplexität und ihrer artistischen Stilisierung so gut wie immer
schwierig und für Schüler auch nach mehrjährigem Sprachunterricht nicht ohne
Hilfen zu bewältigen" (Waiblinger, 12).
WAIBLINGER lehnt Texte im einführenden Sprachunterricht nicht grundsätzlich
ab. Seine Einwände betreffen ihre Verwendung zur *Einführung* des Stoffes

143

(vgl. 13): „Durch die Textmethode sind seit den 70er-Jahren die Anforderungen an unsere Schüler gestiegen. Das betrifft vor allem die Einführung des Grammatikstoffs" (Waiblinger, 14); gegen eine *Anwendung* und *Einübung* des Gelernten mit Hilfe eines Textes sei nichts einzuwenden.

Waiblingers These von der Überforderung unserer Schüler und Schülerinnen durch die methodische Fehlentscheidung für eine Einführung in die Sprache anhand von (Original-)Texten oder originaltextnahen Lehrbuchtexten lässt sich nicht allein durch eine selbstkritische Betrachtung des eigenen Unterrichts bestätigen. Bestätigung erfährt diese These auch durch einige Beobachtungen zur didaktisch-methodischen Diskussion der Gegenwart. Neben oder unter der mehr oder weniger ermüdenden wie praxisfernen panegyrisch-epideiktischen Eurodidaktik entwickelt sich eine Fachdidaktik, die reformpädagogische Impulse aufgreift und in die Praxis umzusetzen versucht. Diese Ansätze finden eine große Resonanz: (1) Unter dem Stichwort „Handlungsorientierung" werden alternative Formen der Lehr- und Lernorganisation erprobt. (2) Engagierte Lehrerinnen und Lehrer preisen die menschlich-pädagogischen Chancen einer „Freiarbeit". (3) Der Ruf nach Vermittlung von „Textweltwissen" findet zunehmend Gehör (vgl. u. a. AU 4/1992, 57–70, bes. 61 ff.). (4) „Schülerwettbewerbe" und „Studienfahrten" werden als moderne Lernformen propagiert und akzeptiert. (5) „Veranschaulichung" ist die Losung eines multimedialen altsprachlichen Unterrichts (vgl. AU 1+2/1990; 1/1994; 2/1998). Da heißt es z. B. in der Einführung zum AU-Veranschaulichungsheft 2/1998: „Damit die alte Sprache keine ‚tote' Sprache ist und damit die Texte einer lange vergangenen Welt an Leben gewinnen, brauchen lateinische Texte, wenn sie im Unterricht gelesen werden, in besonderem Maße, was von modernem Unterricht auch sonst zu fordern ist: Veranschaulichung". Ich möchte nicht übertreiben: Aber „veranschaulichen" wir uns die in diesem Satz skizzierte Situation. Da liegt eine Tote, aufgebahrt im Licht flackernder Kerzen; wir sehen und hören, wie eine kleine Gruppe von Tanzenden und Singenden eine Totenbeschwörung zelebriert, „damit die Texte einer lange vergangenen Welt an Leben gewinnen". Wir können uns die Szene auch so vorstellen: Da liegt jemand schwer krank darnieder und hängt am Tropf der „Veranschaulichung": „… damit die Texte einer lange vergangenen Welt an Leben gewinnen, brauchen lateinische Texte – … in besonderem Maße … Veranschaulichung."

Diese und andere Aktivitäten beweisen höchstes Engagement bei Lehrenden und Lernenden. Aber es sind – offen gesagt – Fluchtversuche einer eskapistischen Pädagogik. In ihnen realisiert sich eine ausgesprochen betriebsame, rührige Exkurs- oder Nischen-Didaktik, in der sich das Unbehagen an der Unterrichtspraxis, am Alltagsgesicht des altsprachlichen Unterrichts artikuliert.

1.2 Therapie

Selbstverständlich belässt Franz Peter Waiblinger es nicht bei seiner nieder-schmetternden Diagnose. Er sucht nach Möglichkeiten der Behandlung und Heilung: Für den Sprachunterricht in der Lehrbuchphase empfiehlt er die Über-windung des Methodenmonismus. „Das Text-Prinzip sollte nicht wie ein Tabu verhängt sein, sondern dann anderen Methoden weichen, wenn diese für einen bestimmten Stoff effektiver sind" (14).

In diesem Zusammenhang bringt Waiblinger ein Verfahren ins Spiel, das im Lehrbuch NOTA von Manfred Fuhrmann, Eberhard Hermes, Hermann Steinthal und Niels Wilsing (Stuttgart, Klett, 1976) praktiziert wird. In dem für den spätbeginnenden Unterricht bestimmten Werk werden die meisten Lesestücke *zweisprachig in synoptischer Anordnung* dargeboten.

Beispiel (Entnommen aus NOTA, 31)

(4) Marcus Porcius Cato, genannt der Zensorier

(4.1) Grundtext

1. *Marcus Porcius Cato* domi militiaeque clarus, gloriosus, controversiarum cupidus, iustitia praestans, propter singularem naturam vitamque memorabilis erat.

Marcus Porcius Cato war in Krieg und Frieden (eigentl.: zu Hause und im Felde) berühmt, ehrgeizig, streitsüchtig, durch Gerechtigkeit ausgezeichnet, wegen seiner einzigartigen Wesensart und Lebensführung bemerkenswert.

2. *Pater Marci* in agris fundum habuit.

Der Vater des Marcus besaß auf dem Lande ein Gut.

3. *Ibi Marcus* natus est et adolevit, *ibi* puer dura et simplici vitae ratione assuevit.

Dort ist Marcus geboren und aufgewachsen, dort gewöhnte sich der Junge an eine harte und einfache Lebensweise.

4. *Illo tempore* iterum magnum bellum inter Poenos Romanosque erat.

Zu jener Zeit fand zum zweiten Male ein großer Krieg zwischen den Puniern und den Römern statt.

5. *Cato* more Romano duodecim annos stipendia meruit.

Cato leistete nach römischem Brauch zwölf Jahre lang Kriegsdienst.

6. *Quinto Fabio Maximo Marco Claudio Marcello consulibus* tribunus militum in Sicilia legioni praefuit; *nonnullis annis post* in proelio ad Metaurum flumen fortitudine eminuit.

Unter den Konsuln Quintus Fabius Maximus und Marcus Claudius Marcellus befehligte er als Militärtribun in Sizilien eine Legion; einige Jahre später zeichnete er sich in der Schlacht am Fluss Metaurus durch Tapferkeit aus.

7. *Bello nondum confecto* homo novus in urbe rem publicam capessere coepit.	Ehe noch der Krieg zu Ende war, begann er in der Hauptstadt, als politischer Neuling, die Laufbahn eines Politikers einzuschlagen.
8. *Primum* quaestor, *deinde* aedilis fuit.	Zuerst war er Quästor, darauf Ädil.
9. *Post* praetor provinciam obtinuit insulam Sardiniam (e Sardinia antea – tunc quaestor fuerat – Quintum Ennium poetam Romam deduxerat).	Später verwaltete er, nunmehr Prätor geworden, als Provinz die Insel Sardinien (aus Sardinien hatte er früher – er war damals Quästor gewesen – den Dichter Quintus Ennius nach Rom gebracht).
10. *Postremo* una cum amico Lucio Valerio Flacco, homine nobili, consulatum gessit.	Schließlich übte er zusammen mit seinem Freund Lucius Valerius Flaccus, einem adligen Manne, das Konsulat aus.
11. *Consulatu peracto* rei publicae causa multas inimicitias suscepit.	Nach Abschluss des Konsulats nahm er um des Staates willen viele Feindschaften auf sich.
12. *Tamen* Romani Catonem censorem creaverunt.	Trotzdem wählten die Römer Cato zum Zensor.
13. *Cato* omnes censores Romanos severitate superavit; luxuriam senatorum ceterorumque civium pestem iudicavit et summo studio coercuit.	Cato übertraf alle römischen Zensoren an Strenge; die Genusssucht der Senatoren und der übrigen Bürger hielt er für eine Seuche und bekämpfte sie mit höchstem Eifer.
14. *Itaque* a censura cognomen 'Censorium' accepit.	Daher erhielt er aufgrund seiner Amtsführung als Zensor den Beinamen 'Censorius'.

Der von den NOTA-Autoren konzipierte Lehrgang arbeitet „ausgeprägt kontrastiv-vergleichend, teils zwischen Latein und Deutsch, teils innerhalb der lateinischen Sprache, wodurch gerade der Blick für system-grammatische Zusammenhänge in immer größeren Bereichen geschärft wird" (NOTA, Lese- und Arbeitsbuch, S. 5). WAIBLINGER verbindet diesen Ansatz mit dem schon im *Orbis pictus* des Comenius (1658) praktizierten Verfahren. Comenius hatte „das Lateinische dem Deutschen so geschickt gegenübergestellt, dass sich die einander entsprechenden Wörter bzw. Wortgruppen ohne Schwierigkeiten erkennen lassen. Hier liegt der springende Punkt: Der Schüler lernt das Neue weder in lernpsychologisch absurder Weise isoliert noch in ebenso unfruchtbarer Art aus einem unverstandenen, undurchschauten, rätselhaften Zusammenhang, sondern durch Gegenüberstellung mit dem Deutschen. Er lernt, indem er vergleicht, indem er immer wieder erkennt: diesem Wort, dieser Wortgruppe, diesem Satz entspricht im Deutschen dieses Wort, diese Wortgruppe, dieser Satz" (Waiblinger, 15).

Nicht nur der Rückgriff auf Comenius lässt das *vergleichende Lernen* als bewährte und Erfolg versprechende Lernform erscheinen. Vergleichen ist ein gerade im altsprachlichen Unterricht grundlegendes Verfahren. DIETER LOHMANN hat in seinem 1973 erschienenen Traktat „Dialektisches Lernen. Die Rolle des Vergleichs im Lernprozess" das vergleichende Lernen auf hohem Niveau reflektiert.[2]

Was bedeutet vergleichendes Lernen?[3] Es bringt zwei oder mehr Gegenstände in ein dialektisches Spannungsverhältnis zueinander, das mit den Kategorien der Übereinstimmung und des Gegensatzes zu beschreiben ist. In diesem Spannungsverhältnis von Identität und Nicht-Identität gewinnen die Gegenstände Anschaulichkeit (also nicht durch von außen an sie herangetragene Mittel der Veranschaulichung), werden begreifbar und auch problematisch. Einzelheiten werden ins Licht gerückt, werden plötzlich wichtig. Das vergleichende oder synoptisch-synkritische Lernen macht den Lernenden auf die Eigenarten der Gegenstände aufmerksam. Es motiviert zu vertiefter Auseinandersetzung mit den Gegenständen.

Synkrisis und Synopse sind aber nicht nur elementare, sondern auch unerlässliche Methoden des Erkenntnisgewinns. Lernen ist auf Vergleichen angewiesen. Lernbar wird eine Sache nur in Beziehung zu einer anderen Sache. Wissensstoff ist ohne den funktionalen Bezug und die Einbettung in ein dialektisches Gefüge wertlos.

Im Lateinunterricht wird vergleichendes Lernen, Lernen durch Vergleichen, von Anfang an geübt. Der Zugang zur lateinischen Sprache erfolgt durch Konfrontation lateinischer mit muttersprachlichen Elementen. Lateinische Sätze werden in muttersprachliche Sätze übertragen. Die Adäquatheit der Übersetzung ist durch eine vergleichende Betrachtung zu überprüfen. Der lateinische Wortschatz wird mit Hilfe lateinisch-muttersprachlicher Wortgleichungen erworben. Die morphologischen und syntaktischen Eigentümlichkeiten der lateinischen Sprache werden durch Vergleich mit muttersprachlichen Entsprechungen eingeprägt. Das gilt ebenso für Formenlisten, Stammformenreihen und Konstruktionen. Die Schulgrammatik beruht auf dem lateinisch-deutschen Strukturvergleich. Das zweisprachige Wörterbuch fordert zum Sprachvergleich heraus. Die synkritische Betrachtung von Antike und Moderne, von Vergangenheit und Gegenwart, von Fremdem und Vertrautem ist ein Prinzip des Lateinunterrichts.

So ist es nur konsequent, im einführenden Sprachunterricht der Lehrbuchphase den neuen grammatischen Stoff in lateinisch-deutschen Texten zweispaltig, vielleicht sogar dreispaltig anzuordnen, wenn man auch den Wortschatz synoptisch vermitteln will. Denn die zwei- oder dreispaltige Anordnung der Lesestücke eröffnet nicht nur neue Möglichkeiten des Lateinlernens durch systematischen Sprachenvergleich; sie hebt auch eine Reihe methodischer Probleme auf: So lässt sich die sog. „horizontale Einführung" der Formenlehre leichter bewältigen als im herkömmlichen Verfahren.

„Grammatische Antizipationen" werden, falls sie wirklich nötig erscheinen, bei zweisprachiger Exposition des Stoffes erträglich. Moderne Lernformen wie „Freiarbeit" oder „Lernen durch Lehren"[4] werden erheblich unterstützt. Die immanente textbezogene Wortschatzarbeit wird verstärkt. Die häusliche Wiederholungs- und Übungstätigkeit wird intensiviert. Die vergleichende Sprachbetrachtung kann zur Förderung der muttersprachlichen Kompetenz genutzt werden.[5] Die Einführung bestimmter grammatischer Phänomene wird erleichtert. „Schwierige" Erscheinungen werden entschärft… Und schließlich wird ein Umgang mit Texten vorbereitet, wie er auch im Lektüreunterricht stattfinden sollte.

2. Lektüreunterricht

2.1 Diagnose

Im Lektüreunterricht wird zu wenig gelesen. Die tatsächlich bewältigte Textmenge genügt nicht zum Kennenlernen der Werke und Autoren. Mit der Doktrin vom Wert des „mikroskopischen Lesens" wird versucht, die Not als eine Tugend erscheinen zu lassen. Aber genügt es, aus einem Minimum an Text ein Maximum an Sinn herausholen zu wollen? Ob dies gelingt, sei dahingestellt. Die statarische Lektüre wird von vielen Schülern als frustrierende Lektüre empfunden. Die Arbeitsmoral bleibt nur dadurch einigermaßen erhalten, dass man dann und wann kleine Erfolgserlebnisse einsammeln kann, wenn man z. B. eine Form richtig bestimmt oder eine Wortbedeutung erkennt. Der Sprachunterricht hat also doch etwas gebracht. Vor Jahren wurde dieses Problem in der „Anregung" diskutiert.[6] Geändert hat sich nichts, weil das Alibi des „mikroskopischen Lesens" unverbraucht ist, hatte FRIEDRICH MAIER doch gefordert: „Lieber wenig (allerdings nicht zu wenig), dieses aber gut und vertiefend lesen! Schnelles Lesen, das, wenn überhaupt möglich, nur oberflächlich sein kann, würde in keiner Weise einsichtig machen, warum die antiken Texte … nur im Original richtig zu verstehen sind." Folgerichtig fügt MAIER hinzu: „Meine Forderung nach dem 'mikroskopischen Lesen' … ist zuallererst dem Bedürfnis nach Legitimation der Originallektüre … entsprungen" (a.a.O. 85).
Mit seiner Konzeption eines „mikroskopischen Lesens" steht Maier übrigens auch im Gegensatz zu MANFRED FUHRMANNS Forderung, dass der Lateinunterricht „unbedingt ein hinlänglich großes Quantum an Texten bewältigen" müsse. Der Lateinunterricht kranke daran, dass zu langsam gelesen werde. Es finde ein zu geringer Umsatz an Vokabeln, Formen und Strukturen statt, so dass nichts in Fleisch und Blut übergehe und jede komplizierte Erscheinung aufs Neue Schwierigkeiten bereite.[7] MAIER bleibt jedoch dabei, dass statt des raschen Zugriffs ein „verweilendes Lesen" nötig sei; die Quantität der Zeitdauer schlage dann schon um in die Qualität der Arbeitsweise.[8] Doch wie kann ein „mikro-

skopisches Lesen" ein ausreichendes Training im Übersetzen gewährleisten und zugleich dem inhaltlichen Anspruch des Lateinunterricht gerecht werden? Wie kann eine zwar „tief schürfende", aber nicht von der Stelle kommende Originallektüre den Texten und Autoren gerecht werden? MAIER selbst sieht das Problem, wenn er bemerkt, dass unsere Schüler z. B. von rund 10 000 Versen der Aeneis höchstens 5% im Original lesen können. Diese „Not" erfordere eine zusätzliche Übersetzungslektüre. Unter dem Eindruck dieses Zahlenverhältnisses stellt Maier selbst die entscheidende Frage: „Lohnt sich … überhaupt noch die Originallektüre? Wie lässt sich in der zeitlichen Enge des Lateinunterrichts und bei den geringen Lateinkenntnissen der Schüler ein Werk, wie das Vergils (bes. die Aeneis), in einer auch dem Erkenntnisstand der Wissenschaft genügenden Weise behandeln?" MAIER kann „das schulische Dilemma bei der Behandlung eines Großwerkes" nicht aufheben, bleibt aber bei seinem Votum zugunsten der statarischen Lektüre, weil diese „im Rahmen der Schule den einzig schlagkräftigen Beweis" dafür liefere, „warum antike Texte im Original zu lesen sind".[9]

Die These, dass „mikroskopisches Lesen" bei statarischer Lektüre außerdem noch eine wünschenswerte formalbildende Wirkung habe, ist bekanntlich weder zu beweisen noch zu widerlegen. Sobald man aber die fachspezifischen Inhalte und Ziele, das Verständnis der antiken Autoren und ihrer Werke, in den Blick nimmt, erweist sich ein „mikroskopisches Lesen" nur unter der Bedingung als ein lernzielgerechtes Verfahren, dass es in eine *plurima lectio* eingebettet ist. Ohne die Verknüpfung mit der *plurima lectio* verbaut das „mikroskopische Lesen" den Zugang zu den Autoren. Im Übrigen weiß jeder Praktiker, wie viel Unsinn der in „mikroskopischem Lesen" gedrillte Schüler im mündlichen Unterricht und in Klausurarbeiten produziert: Hier werden deutsche Sätze formuliert und zu Papier gebracht, „die dem unbelasteten und unvoreingenommenen Leser als der Ausdruck schieren Schwachsinns erscheinen müssen … Darf ein Fach, das sich selbst als eine Schule des präzisen Denkens versteht, Ergebnisse hervorrufen, die, schriftlich formuliert, nicht nur dem gesunden Menschenverstand Hohn sprechen, sondern damit auch zentrale Ansprüche des Faches ad absurdum führen?"[10]

2.2 Therapie

Eine Möglichkeit, die kursorische Lektüre lateinischer Texte zu forcieren, bietet die Benutzung *zweisprachiger Textausgaben*. Schon ERNST AHRENS sprach von einer „kursorischen Zweisprachenlektüre", die er für den – wie er sagte – „einzigen Ausweg" hielt, um größere Textmengen durcharbeiten zu können.[11] Dieses Verfahren erreicht seinen Zweck allerdings nur dann, wenn die Schüler mit Hilfe von Leitfragen und Arbeitsaufträgen dazu veranlasst werden, nicht nur auf der muttersprachlichen Seite der Synopse zu verweilen, sondern gezielte Beobachtungen und Erschließungsaufgaben am lateinischen Text zu

vollziehen. Es spricht jedoch nichts dagegen, wenn die Schüler zuerst die ziel-
sprachliche Version lesen. Denn mit ihrer Hilfe lernen sie nicht nur den Inhalt
des Textes kennen; sie gewinnen auch ein Interesse an einer intensiveren Auseinandersetzung mit einzelnen, vielleicht sogar von ihnen selbst ausgesuchten
Textstellen. Ist ein Schüler oder eine Schülerin während der Lektüre des ziel-
sprachigen Textes auf Stellen gestoßen, die ihm/ihr wichtig erscheinen, so
motiviert eben dies dazu, diese Stellen im Original gründlicher zu erschließen.
Wer so die Einsicht gewinnt, dass der Originaltext den größeren Informationswert besitzen kann als die Übersetzung, der wird auch am Sinn der Originallektüre nicht mehr zweifeln. Er wird ein „Vorbehaltsverhältnis"[12] gegenüber
der gedruckten Übersetzung gewinnen und sich nicht mehr auf diese allein
verlassen wollen.

Im Rahmen dieser Konzeption einer *synoptischen Lektüre* dienen kursorische
und statarische Lektürephasen im Wechsel demselben Ziel: der möglichst
umfassenden Erschließung einer größeren Textmenge mit Hilfe fremder und
eigener Übersetzungsversuche. Die Einsicht in die Notwendigkeit eines „mikroskopischen Lesens" erwächst aus dem durch synoptische oder reine Übersetzungslektüre entstehenden Bedürfnis nach Vertiefung an ausgewählten Stellen des Textes. Es sind dies die Stellen, die der routinierte Leser etwa durch
Anstreichen hervorhebt oder auf die die Schüler und Schülerinnen durch
besondere Arbeitsaufträge hingeleitet werden.

In Analogie zur *bilinguen Exposition* der Lesestücke im Lehrbuch müssten
auch die Textausgaben für den Lektüreunterricht über eine synoptische Anordnung von Text und Übersetzung verfügen. Schon 1974 ist z. B. bei Diesterweg
eine vollständige Schulausgabe der Coniuratio Catilinae erschienen, in der
größere Teile lateinisch-deutsch abgedruckt sind. Die Herausgeber WALTER
VOGT und NORBERT ZINK wollten auf diese Weise ihre Schülerinnen und
Schüler zur kritischen Auseinandersetzung mit dem Problem der Übersetzung
anregen und die streckenweise kursorische Lektüre des Textes ermöglichen.
Die Ausgabe enthält übrigens auch eine für die kursorische Lektüre unerlässliche Voraussetzung: eine Übersicht über den Inhalt des gesamten Textes
(S. 96 f.) und eine Feingliederung ausgewählter Kapitel (S. 98–103).

Der Hinweis auf diese Textausgabe soll andeuten, dass ein methodischer
Kompromiss zwischen der traditionell einsprachigen und der durchgehend
zweisprachigen Textausgabe möglich ist; diese Mischform bietet Raum für
mikroskopisches und für kursorisches Lesen.

Die methodisch-didaktischen Möglichkeiten einer *synoptischen Lektüre* sollen
hier nicht im Einzelnen aufgezählt werden.[13] Es sei nur an einige Vorteile erinnert:

- Bilingue Textausgaben erweitern den Lektüreradius erheblich, weil sie die
  kursorische Lektüre erlauben.
- Zweisprachige Lektüre beschleunigt und intensiviert die Kenntnis von Werk
  und Autor.

– Zweisprachige Lektüre erleichtert die Bewältigung schwieriger Textstellen.
– Zweisprachige Lektüre führt zu einer erheblichen Erweiterung der literarischen Kompetenz.
– Zweisprachige Lektüre erlaubt die selbstständige, lehrerunabhängige Lektüre der Schülerinnen und Schüler in einem höheren Umfang als bisher auch außerhalb des Unterrichts.
– Zweisprachige Lektüre schafft Leseanreize und motiviert zum Weiterlesen.
– Zweisprachige Lektüre schafft die Möglichkeit, auf aktuelle Themen flexibel zu reagieren.[14]

Was aber spricht gegen eine Konzeption der bilinguen Exposition von Texten im lateinischen Lektüreunterricht?

– Auf die derzeitige Rechtslage braucht nicht hingewiesen zu werden. Die radikale Zweisprachigkeit – etwa auch in Klausuren – ist illegal.
– Der Verzicht auf die Barriere der Einsprachigkeit könnte dazu führen, dass Lateinunterricht sich nicht mehr vom Literaturunterricht im Fach Deutsch unterschiede, zumal dort schon immer übersetzte Weltliteratur zum Lektürekanon gehörte. Hier wäre zu erwägen, inwieweit Kurse des bilingualen lateinischen Literaturunterrichts als „Polyvalenzkurse" nicht an die Stelle von Deutschkursen oder Kursen anderer Fächer treten können. Die „Polyvalenz" des altsprachlichen Unterrichts ist in Form des bilingualen Literaturunterrichts unbestreitbar.
– Durch die Möglichkeit der bilingualen Lektüre könnte es zu einem nicht mehr zu behebenden Sprachverlust kommen. Die Schülerinnen und Schüler verlören ihre im lehrbuchdominierten Sprachunterricht erworbenen Kenntnisse und Fertigkeiten. Hier sollte man die Frage stellen, ob die Schülerinnen und Schüler, die sich für einen Grund- oder Leistungskurs entscheiden, wirklich Gefahr laufen, die mühsam gelernte Sprache wieder zu verlieren. Die bilinguale Lektüre blendet den Originaltext doch nicht aus; als eine vergleichende Lektüre zwingt sie zur Auseinandersetzung mit dem Original und führt vermutlich sogar zur Erweiterung der originalsprachlichen Kompetenz.
– Die bilingue Textdarstellung könnte den Lesenden dazu verführen, den Originaltext zu ignorieren und sich mit einer angeblich „oberflächlichen" und „fehlerhaften" Übersetzung zufrieden zu geben. Er empfände nicht mehr das Gefühl der Sprachnot[15], das den Übersetzenden und nur den um eine adäquate Übersetzung Ringenden befalle und ihn zum immer tieferen Eindringen in den Text zwinge. Hier muss man allerdings fragen, ob die im Unterricht mögliche Übersetzungspraxis ausreicht, um die sprachlichen Qualifikationen zu vermitteln, die den Schüler „Sprachnot" empfinden lassen, aus der er sich zu einer intensiven Auseinandersetzung mit dem Originaltext gezwungen sieht. Kann der „Leidensdruck" des Schülers, wenn er mit einem altsprachlichen Text konfrontiert wird, wirklich so groß sein, dass er sich mit einer eigenen Übersetzung davon befreien muss, weil ihn die gedruckte Übersetzung unbefriedigt lässt?

Wie dem auch sei – das Festhalten an der einseitig-rigorosen Originalsprachlichkeit der Lektüre bleibt ein Hindernis auf dem Weg zur lateinischen Literatur und den von ihr ausgehenden Bildungswirkungen. Wenn man dagegen seine Schüler dazu befähigte, die Texte *zweisprachig* zu lesen, dann würde ihnen die sprachliche Arbeit nicht abgenommen, sondern nur erleichtert. „Sodann ... könnte man nun von der Übersetzung des weiteren Gebrauch machen, dass man die Schriftsteller, die man jetzt, da man darauf besteht, sie nur in ihrer Sprache zu lesen, zum größten Teil ungelesen lässt, aus ihr wirklich kennen lernte.“[16]

3. Gedanken zur Auswahl

Die Vielfalt der bisherigen Vorschläge ist beeindruckend. Das gesamte literarische Substrat von den Anfängen bis in die Neuzeit wird berücksichtigt. In der Praxis hat sich allerdings – vor allem für die Anfangslektüre – ein begrenzter Kanon gebildet: Caesar, Sallust, Cicero, Ovid ... Ich möchte hier keine weiteren Vorschläge machen, zumal man mit dem Kanon sehr zufrieden sein kann – unter der Voraussetzung jedoch, dass *viel mehr* gelesen wird.

Worüber man aber noch nachdenken sollte, das sind die *Kriterien* der Auswahl: Ich möchte vorschlagen, Kriterien zu erwägen, die bereits in der antiken Literaturtheorie und Rhetorik eine Rolle spielten und für unsere pädagogisch zu begründenden Auswahlentscheidungen maßgebend sein können: „Die Dichter wollen entweder *nützen* oder *Vergnügen bereiten* oder beides: sowohl *Angenehmes* als auch *für das Leben Zweckmäßiges* sagen ...“ (aut *prodesse* volunt aut *delectare* poetae / aut simul: et *iucunda* et *idonea* dicere *vitae*, Horaz, *Ars poetica* 333 f.). Und weiter: „Jede Stimme erhielt, wer Süßes und Nützliches mischte, indem er dem Leser Vergnügen bereitete und ihn gleichermaßen belehrte“ (*omne tulit punctum, qui miscuit utile dulci / lectorem delectando pariterque monendo*, Horaz, *Ars poetica* 343 f.). Bei allen Auswahlentscheidungen würde ich mich an diese von Horaz formulierten Regeln halten; sie sollten den Schülern bewusst gemacht werden, weil sie während der Lektüre immer wieder zu hinterfragen sind und zugleich vorzügliche Interpretationsansätze darstellen:

Damit ist eigentlich die Frage, was man heute noch im Lateinunterricht lesen könne, schon beantwortet: Man kann alles lesen, was *Freude zu machen* und *nützlich fürs Leben zu sein* verspricht und tatsächlich auch so gelesen wird, dass es hält, was es verspricht. (Ich vertrete in dieser Frage also einen gemäßigten Hedonismus.)

In der praktischen Arbeit würde ich darauf hinarbeiten, dass die Schülerinnen und Schüler folgende Fragen als ihre Fragen stellten: Was ist an unserem Text das „Süße“ (*dulce*), was das „Nützliche“ (*utile*)? Worin besteht das „Vergnügen“ (*voluptas*), das Quintilian (10, 1, 28) als den Zweck der Poesie bestimmt?

Vergleichbare Fragen lassen sich auch bei anderen literarischen Gattungen stellen: Was ist die „Wahrheit", die Horaz als den Zweck der Satire definiert (*ridentem dicere verum*, Sat. 1, 1, 24)? Worin besteht das „Lachen" des Satirikers? Auf welche Weise und mit welchen Mitteln wird in der Fabel „der Irrtum der Menschen korrigiert und die gewissenhafte Bemühung um Besserung verstärkt", wie Phaedrus im Prolog zu Buch 2 (2–4) behauptet? Worin besteht „das Pathos des Heldenepos", „die Lieblichkeit der lyrischen Gedichte", „die Ausgelassenheit der Elegien", „die Schärfe der Iamben", der „Spott der Epigramme", worauf Tacitus im *Dialogus de oratoribus* (10,4) hinweist? Inwiefern und mit welchen Mitteln „beweist, unterhält und beeinflusst" eine öffentliche Rede, wie Cicero es im Orator 69 verlangt? Steht Ciceros Theorie des Briefes (*Ad familiares* 2,4) im Einklang mit seinen eigenen und den Briefen anderer?

Die Texte sollten so ausgewählt werden, dass sie eine gründliche Auseinandersetzung mit diesen und ähnlichen Fragen ermöglichen. Das heißt also, dass man Texte für den Unterricht auswählen sollte, die nicht nur „süß" und „nützlich", sondern auch *für ihre Gattung repräsentativ* sind. Eine Lektüre nach literarischen Gattungen ermöglicht dann eine ebenso textadäquate wie kritische Auseinandersetzung mit Form und Inhalt. Der Gattungsbezug ist darüber hinaus ein sachgemäßer Interpretationsrahmen, der grobe Missverständnisse der Textfunktion ebenso ausschließt wie die billige Aktualisierung. Wenn man im Sinne der Überlegungen zum Prinzip des vergleichenden Lernens Texte verschiedener Gattungen zu demselben Gegenstand miteinander vergleicht, treten die gattungstypischen Merkmale besonders gut hervor; sie lassen sich sammeln, beschreiben und für weitere Interpretationshandlungen fruchtbar machen.

4. Textvergleich unter dem Gattungsaspekt anhand bilinguer Textdarstellung

Wenn die Schülerinnen und Schüler den Brief des Plinius (8, 8) über die Quelle des Clitumnus mit dem lyrischen Gedicht des Horaz (*carmen* 3, 13) über die Bandusia-Quelle vergleichen[17], werden sie die Merkmale der beiden Gattungen ohne große Schwierigkeiten herausarbeiten und in einem Interpretationsprotokoll festhalten können:

Plinius 8, 8

(1) Vidistine aliquando Clitumnum fontem? Si nondum (et puto nondum;	(1) Hast du schon einmal gesehen den Clitumnus-Quell? Wenn noch nicht (und ich glaube noch nicht;

alioqui narrasses mihi),
vide,
quem ego
(paenitet tarditatis)
proxime vidi.

(2) Modicus collis adsurgit
antiqua cupresso
nemorosus et opacus.
Hanc subter exit fons
et exprimitur
pluribus venis,
sed imparibus,
eluctatusque,
quem facit gurgitem,
lato gremio patescit
purus et vitreus,
ut numerare
iactas stipes
et relucentes calculos
possis.

(3) Inde
non loci devexitate,
sed ipsa sui copia
et quasi pondere
impellitur,
fons adhuc
et iam amplissimum flumen
atque etiam navium patiens,
quas obvias quoque
et contrario nisu
in diversa tendentes
transmittit et perfert,
adeo validus,
ut illa, qua properat ipse,
quamquam per solum planum,
remis non adiuvetur,
idem aegerrime
remis contisque
superetur adversus.

sonst hättest du [es] mir erzählt),
sieh [ihn dir an],
den ich
(es reut mich die Verzögerung)
kürzlich gesehen habe.

(2) Ein flacher Hügel erhebt sich
von einem alten Zypressenwald
bewachsen und beschattet.
An dessen Fuß entspringt der Quell
und wird hervorgepresst
aus mehreren Adern,
aber ungleichen,
und überwunden,
den Strudel, den er bildet,
öffnet er sich zu einem breiten Becken
rein und klar,
so dass zählen
hineingeworfene Münzen
und glitzernde Steinchen
du kannst.

(3) Von dort
nicht durch das Gefälle des Ortes,
sondern durch seine eigene Fülle
und sozusagen durch sein Gewicht
wird er angetrieben,
eben noch ein Quell
und dann schon ein sehr breiter Fluss
und sogar Schiffe duldend,
die er auch als entgegenkommende
und mit entgegengesetzter Kraft
in verschiedene Richtungen strebende
durchlässt und zum Ziel bringt,
so stark [ist er],
dass er dort, wo er selbst hineilt,
obwohl er durch ebenes Gelände (fließt),
durch Ruder nicht unterstützt wird,
ebenso [aber] mit größter Mühe
durch Ruder und Stangen
überwunden wird in Gegenrichtung.

(4) Iucundum utrumque
per iocum ludumque
fluitantibus,
ut flexerint cursum:
laborem otio,
otium labore variare.
Ripae fraxino multa,
multa populo
vestiuntur,
quas perspicuus amnis
velut mersas
viridi imagine
adnumerat.
Rigor aquae
certaverit nivibus,
nec color cedit.

(5) Adiacet templum
priscum et religiosum;
stat Clitumnus ipse
amictus ornatusque
praetexta;
praesens numen
atque etiam fatidicum
indicant sortes.
Sparsa sunt circa
sacella complura
totidemque di.
sua cuique veneratio,
suum nomen,
quibusdam vero etiam fontes.
Nam praeter illum
quasi parentem ceterorum
sunt minores
capite discreti;
sed flumini miscentur,
quod ponte transmittitur.
Is terminus
sacri profanique

(4) Angenehm [ist] beides
zum Scherz und zum Spiel,
wenn man sich treiben lässt,
um die Richtung zu ändern:
Anstrengung mit Ausruhen,
Ausruhen mit Anstrengung abzuwechseln.
Die Ufer sind mit vielen Eschen,
mit vielen Pappeln
bedeckt,
die der klare Fluss
wie versunkene
mit grünem Spiegelbild
herzählt.
Die Kälte des Wassers
könnte wetteifern mit Schnee,
auch die Farbe steht [ihm] nicht nach.

(5) Am Ufer liegt ein Tempel
alt und ehrwürdig;
es steht Clitumnus selbst da
bekleidet und geschmückt
mit einer Praetexta;
eine anwesende Gottheit
und auch weissagende
zeigen Lose an.
Verstreut sind ringsum
Kapellen in größerer Zahl
und ebenso viele Götter.
Jedem sein Kult,
sein Name,
einigen aber auch Quellen.
Denn außer jenem
wie dem Vater der übrigen
gibt es kleinere
von dem Hauptquell getrennt;
aber mit dem Fluss mischen sie sich,
der von einer Brücke überquert wird.
Er ist die Grenze
zwischen dem geweihten und dem
ungeweihten Gebiet.

(6) In superiore parte
navigare tantum,
infra etiam
natare concessum.
ballineum Hispellates,
quibus
illum locum
divus Augustus
dono dedit,
publice praebent,
praebent et hospitium.
Nec desunt villae,
quae
secutae fluminis amoenitatem
margini insistunt.

(7) In summa
nihil erit,
ex quo
non capis voluptatem.
Nam studebis quoque
et leges
multa multorum
omnibus columnis,
omnibus parietibus
inscripta,
quibus
fons ille deusque
celebratur.
Plura laudabis,
non nulla ridebis;
quamquam tu vero,
– quae tua humanitas –,
nulla ridebis.
Vale.

(6) In dem oberen Teil
Bootfahren nur,
unterhalb auch
Schwimmen ist erlaubt.
Das Bad (stellen) die Hispellaten,
denen
jenen Platz
der verewigte Augustus
zum Geschenk gab,
öffentlich zur Verfügung,
sie stellen auch das Gasthaus z. V.
Es fehlen auch nicht die Landhäuser,
die
folgend dem Liebreiz des Flusses
am Ufer stehen.

(7) Kurz und gut
nichts wird sein,
woraus
du nicht Freude fängst.
Denn du wirst auch studieren
und lesen
vieles von vielen
allen Säulen,
allen Wänden
Eingeritzte,
womit
jener Quell und der Gott
gepriesen wird.
Noch mehr wirst du loben,
einiges wirst du belächeln;
obwohl du in Wirklichkeit,
– das ist [eben] deine Bildung –,
nichts belächeln wirst.
Alles Gute.

Horaz 3, 13

O fons Bandusiae, splendidior vitro,
dulci digne mero non sine floribus
   cras donaberis haedo,
      cui frons turgida cornibus

Du Quelle (der) Bandusia, klarer als Glas,
würdig des süßen Weines nicht ohne Blumen,
   morgen wirst du beschenkt mit einem Bock,
      dem die Stirn schon geschwollen durch Hörner-

primis et Venerem et proelia destinat,
frustra, nam gelidos inficiet tibi
  rubro sanguine rivos
    lascivi suboles gregis.

te flagrantis atrox hora caniculae
nescit tangere, tu frigus amabile
  fessis vomere tauris
    praebes et pecori vago;

fies nobilium tu quoque fontium
me dicente cavis impositam ilicem
  saxis, unde loquaces
    lymphae desiliunt tuae.

spitzen Liebe und Kämpfe verheißt,
umsonst, denn die eiskalten Fluten wird dir färben
  mit roten Blut
    der Spross der munteren Herde.

Dich kann die Stunde des sengenden Hundssterns
nicht grausam berühren, du gibst liebliche Kühlung
  den vom Pflug erschöpften Stieren
    und dem umherstreifenden Vieh;

auch du wirst zu den berühmten Quellen gehören,
weil ich besinge die auf hohlen Felsen stehende Eiche,
  aus denen geschwätzig
    deine Wasser herabspringen.

Plinius 8,8: Anrede an den Adressaten, Frage (*vidistine …*), Aufforderung (*vide … ego vidi*). Beschreibung des Ortes, wo die Quelle entspringt. Beschreibung der Entwicklung von einem *fons* zu einem schiffbaren *flumen*. Beschreibung des Ufers und der Kulturlandschaft (*amoenitas*). Hinweise auf die praktische Bedeutung des Flusses und seinen Freizeit- und Erholungswert (Bootfahren, Schwimmen). Sachliche Information, aber auch Ausdruck der Freude über eine schöne Landschaft und ihre maßvoll-sinnvolle Nutzung. Freude über eine landschaftliche Neuentdeckung, eine neue Möglichkeit der Erholung (der Text könnte in einem modernen Reiseführer stehen). Beschreibende Prosa: einfach gebaute Sätze, hohe Informationsdichte. Die Sache bleibt im Vordergrund. Der Adressat soll sie sich zunutze machen.

Horaz, c. 3,13: Anrede an die Quelle, die „noch klarer ist als Glas" (*splendidior vitro*); bei Plinius ist sie nur „glasklar" (*vitreus*): Hyperbel als Merkmal des lyrischen Textes. Kontrast: klare Quelle – Wein; Blumen und Blut des Opfertieres werden das Wasser trüben. Attributive Adjektive ohne besonderen Informationswert (Pleonasmen): *dulci … mero, rubro … sanguine, lascivi … gregis*). Wiederholung der Anrede: Die Quelle wird als personifiziertes göttliches Wesen angeredet: *tibi, te, tu, tuae …* Das Gedicht erhält dadurch einen hymnischen Charakter. Der poetische Text verleiht dem reflektierten Gegenstand dauernde Berühmtheit: „Auch du wirst zu den berühmten Quellen gehören, weil ich besinge die auf hohlen Felsen stehende Eiche, aus denen geschwätzig deine Wasser herabspringen." Das Wort des Dichters (der Abl. mit prädikativem Partizip *me dicente* als prägnante Formel für die poetische Tätigkeit) verkündet und verleiht/schafft Zukunft und Dauer (vgl. Ode 3,30: *exegi monumentum aere perennius*, die ebenso das hohe Selbstbewusstsein des Dichters als eines Propheten und Schöpfers zum Ausdruck bringt). In diesem Sinne verwendet der Dichter das Futur, mit der er auf die nähere und fernere

Zukunft verweist (*donaberis, inficiet – fies nobilium tu quoque fontium*). Poetische Topoi: Quelle unter dem Schatten eines Baumes schafft Erquickung in der Sommerhitze, Felsen, von dem das Wasser herabsprudelt; Opfergaben. Im Vergleich zu Plinius tritt bei Horaz die Sache (Quelle und Opferszene) in den Hintergrund. Die letzte Strophe verschiebt die Gewichte: ohne den Text, das Lied wird das Besondere der Sache verloren gehen oder vielleicht gar nicht existieren: die Poesie produziert und perenniert die Welt. Die Sprache lässt Außersprachliches wirklich und dauerhaft sein.

Darauf ist zu fragen, inwieweit die Erschließung gattungsspezifischer Merkmale auch die Merkmale sichtbar werden lässt, die die antiken Autoren selbst als gattungstypisch bezeichnet haben. Ist das Horazgedicht 3, 13 ein Beispiel für *lyricorum iucunditas* (Tacitus, *Dialogus* 10, 4)? Trifft es zu, dass Horaz sich „größerer Freiheit bei der Neubildung und der Verbindung der Wörter" bedient, was Cicero als Merkmal der lyrischen Gattung hervorhebt (*Orator* 68)? Hat das Horaz-Gedicht die Tendenz, „mehr der Formulierung als den Sachen zu dienen" (Cicero, *Orator* 68)? Trifft die Absichtserklärung aus der *Ars poetica* (333 f.: *aut prodesse volunt aut delectare poetae / aut simul et iucunda et idonea dicere vitae*) auf das Gedicht 3, 13 zu? Inwieweit ist das Bandusia-Gedicht ein Produkt der literarischen Fiktion? Quintilian weist 10, 1, 28 darauf hin, dass die Dichter über die *libertas verborum* und die *licentia figurarum* verfügen und dass die poetische Gattung zur Darstellung einer Scheinwirklichkeit (*ostentatio*) geschaffen wurde und ausschließlich das Vergnügen anstrebt (*solam petit voluptatem*) und dies durch die Erfindung nicht nur des Falschen, sondern auch des Unglaublichen zu erreichen sucht (*eamque fingendo non falsa modo, sed etiam quaedam incredibilia sectatur*). Worin besteht eigentlich das Vergnügen (*voluptas*) oder das *iucundum*, dem die Dichtung zu dienen vorgibt? Diese Frage ist für den Unterricht von grundlegender Bedeutung; denn die Lektüre poetischer Texte ist nur dann zu rechtfertigen, wenn auch dem Schüler eine genießende Lektüre möglich ist – nicht nur um die Theorie in der Praxis bestätigt zu finden, sondern um überhaupt Dichtung (Poesie) als ernstzunehmende Ausdrucksform menschlicher Daseinsdeutung begreifen zu lernen. Worin also besteht das Vergnügen, das wir an dem Bandusia-Gedicht haben? Die Antwort entscheidet darüber, ob der Text lesenswert ist, und natürlich auch darüber, was denn das Poetische an dieser Sammlung von Wörtern ist.

Diese und ähnliche Fragen, die die Theorie mit den Produkten der Praxis konfrontieren, enthalten ein hohes Anregungspotential. Der Versuch, sie zu beantworten, erfordert eine ebenso konzentrierte wie zügige Interpretationsarbeit, die durch eine bilingue Textdarstellung möglich wird, ohne dass die Schülerinnen und Schüler überfordert würden.

Mögliche Antworten im Falle des Bandusia-Gedichtes: Versmaß (3. Asklepiadeische Strophe): weitgehende Übereinstimmung zwischen Versbetonung und Wortakzent erzeugt Wohlklang (Euphonie). Stilistische Mittel: Verwendung von Wort-/Satzfiguren und Klangfiguren (z. B. Hyperbaton und Alliteration):

Bewusste formale Gestaltung. Spiel mit Assoziationen (positiv – negativ: klares Wasser – rotes Blut; Schönheit – Tod; Liebe – Tod). Emotionale Affektion: Heile Welt des klaren Quells – (für uns abstoßendes) Opferritual – Nützlichkeit des *frigus amabile* (10) – Erfrischung nach schwerer Arbeit. Spielen mit Widersprüchen: Vitalität des jungen Bockes (*Venus, proelia*) – Opfertier (Stichwort *frustra*): die Kraft des Bockes wird geopfert. Vitalität – Mortalität. Sommerhitze (*atrox hora Caniculae*) – Kälte des Wassers (*gelidos ... rivos, frigus amabile*). Selbstbewusstsein des Dichters (*me dicente*) (nach dem vielfachen „Du" der Anrede das „lyrische Ich" des Dichters). Spiel mit den Zeitebenen: Gegenwart und Zukunft (keine Vergangenheit) assoziieren Ewigkeit (Zeitlosigkeit): der ewig sprudelnde Quell und das ewig bestehende poetische Werk. Macht der Sprache (*me dicente*), Schöpferkraft der Sprache, ohne Sprache kein bewusstes Sein; erst der Dichter gibt den Dingen Leben. Aufschließen des Verschlüsselten, Drang zur Deutung, Suche nach Sinn und Bedeutung (für mich): Hermeneutische Herausforderung. Unterscheidung des Realen und des Fiktionalen: der fiktionale Akt des Dichters ist die Erzeugung des *fons Bandusiae* aus der Vielzahl anderer *fontes* durch den Akt des Dichters, des *poieîn*. Der Dichter verleiht dem *fons* eine Einmaligkeit, die er an sich gar nicht hat. Er gibt ihm Berühmtheit, die er ohne den poetischen Akt nicht hätte. Er produziert Einmaligkeit und Berühmtheit usw.

So entsteht auf dem Weg der Induktion eine poetologische Skizze, mit der wir die Spur des Dichters anhand anderer Werke weiter verfolgen können.

5. Schluss: Was können wir noch lesen?

(1) Wir können unter Berücksichtigung unseres sprachlich-literarischen Substrats Texte lesen, die für bestimmte Gattungen repräsentativ sind, und auf diese Weise dazu anleiten, ein tragfähiges und übertragbares Instrumentarium an Interpretationsgesichtspunkten zu erwerben.

(2) Wir können unseren Schülerinnen und Schülern die Möglichkeit geben, mit einer Lektüre nach Gattungen nicht nur literarische Kenntnisse, sondern auch eine fächerübergreifende literaturtheoretische Kompetenz zu entwickeln.

(3) Wir können unter dem Gattungsaspekt Texte bereitstellen, die mit dem Phänomen der literarischen Rezeption vertraut machen; denn viele Rezeptionsprozesse erfolgen gattungsimmanent. Das gilt mit Sicherheit für das griechisch-römische Rezeptionsverhältnis. Die Römer haben ihren Wettbewerb mit den Griechen auf dem Gebiet der Gattungen ausgetragen, die sie als mustergültig akzeptierten und als solche nicht in Frage stellten. Man sollte dabei übrigens nicht übersehen, dass im öffentlichen Interesse die griechische Hinterlassenschaft erheblich dominiert – im umgekehrten Verhältnis zum Ausmaß des erteilten Griechischunterricht zum Lateinunterricht.[18]

(4) Wir können damit rechnen, dass sich unsere Schülerinnen und Schüler auf eine zweisprachige Lektüre nach Gattungen einlassen, weil sie sich nicht überfordert fühlen müssen und erfahren können, dass Literatur ein kultur-anthropologisches Kontinuum darstellt, das mit Antithesen wie „antik-modern", „veraltet-zeitgerecht", „erledigt-zukunftsweisend" nicht angemessen zu beschreiben oder zu verstehen ist. Im Bereich der Literatur ist das Verhältnis zwischen Antike und Moderne nicht mit Hilfe einer Deszendenztheorie zu erklären; die antike Literatur steht hinsichtlich ihres Ranges weder über noch unter anderen vergleichbaren Literaturen. Das betrifft vor allem das ihr immanente humane Aufklärungspotential; die antike Literatur spiegelt ebenso wie andere Literaturen die *condicio humana* – und daran haben unsere Schülerinnen und Schüler ein zunehmendes Interesse.

(6) Wir können mit der zweisprachigen Lektüre nach Gattungen zur Weiterentwicklung einer Kultur der Interdisziplinarität beitragen. Wir können unseren fachspezifischen Beitrag leisten, indem wir unseren Schülerinnen und Schülern beim Erwerb einer literarischen Kompetenz helfen, die sie kommunikations- und kooperationsfähig macht.

Anmerkungen

[1] In eine ähnliche Richtung weist auch FARBOWSKI, R.: Latein – eine starke Marke. In: Forum Classicum 40,4 (1997) 191–202. – WAIBLINGER kann sich auf Farbowskis Beobachtungen berufen.

[2] Vgl. LOHMANN, D.: Dialektisches Lernen. Die Rolle des Vergleichs im Lernprozess. – Stuttgart 1973.

[3] NICKEL, R.: Vergleichendes Lernen im lateinischen Lektüreunterricht. In: AU 16, 5 (1978) 6–18.

[4] Vgl. GEGNER, G.: Lernen durch Lehren. In: Forum Classicum 40, 3 (1997) 128–133.

[5] Vgl. NICKEL, R.: Latein in der Mittelstufe, – Bamberg 1990, 6–43 (Übersetzen und muttersprachliche Bildung).

[6] STROH, W.: Text oder Lernziel. Ein Sondervotum zum altsprachlichen Lektüreunterricht. In: Anregung 32, 1986, 16–17. GRUBER, J.: Übersetzen und Textverständnis. Zum Lateinunterricht in der Mittelstufe. In: Anregung 33, 1987, 13–21. MAIER, F.: Ziellose Lektüre in den Alten Sprachen? Eine Replik auf Wilfried Strohs Sondervolum (Anregung 32, 1988, 15 ff.). In: Anregung 32, 1986, 82–85.

[7] FUHRMANN, M.: Alte Sprachen in der Krise? Analysen und Programme. – Stuttgart 1976, 101.

[8] MAIER, F.: Lateinunterricht zwischen Tradition und Fortschritt. Bd. 1. – Bamberg 1979, 177. Vgl. auch Bd. 2, 1984, 91.

[9] MAIER, F.: – s. Anm. 8 – Bd. 2, 217.

[10] GRUBER, J.: – s. Anm. 6.

[11] AHRENS, E.: Zur Frage der Einsparung im lateinischen Lektüreplan. In: AU 3, 1 (1957) 55–71, bes. 66 f.

[12] Vgl. NICKEL, R.: Übersetzen und Übersetzung. Ein Plädoyer für die Verwendung von Übersetzungen im altsprachlichen Literaturunterricht. In: AU 15, 4 (1972) 5–21 bes. 9–12.

[13] Vgl. NICKEL, R.: Die Arbeit mit Übersetzungen. In: W. Höhn – N. Zink (Hrsg.): Handbuch für den Lateinunterricht. Sek. II. – Frankfurt 1979, 191–205. KLINZ, A.: Der Übersetzungsvergleich als Interpretationshilfe und Mittel zum Textverständnis. Ein Versuch anhand eines ciceronischen Redetextes (Cic. Pomp. 40–42). In: AU 24, 4 (1981) 77–90. ELLER, K. H.: Übersetzungsvergleich als Interpretationsansatz (gezeigt am Beispiel des Horaz-Unterrichts). In: W. Höhn – N. Zink (Hrsg.): Handbuch (s. o.), 206–219.

[14] So kann man z. B. aktuell-politische Grundsatzdiskussionen in der Presse mit einschlägigen Partien aus Ciceros De re publica konfrontieren, auch wenn man im Unterricht gerade nicht an diesem Thema arbeitet.

[15] Den Begriff verwendet WEDDIGEN, K.: Grammatik, Semantik, Text und Übersetzung. In: AU 33, 3 (1990) 25–40, um die Frage zu beantworten, warum man lernen soll, schon Übersetztes noch einmal zu übersetzen.

[16] PAULSEN, F.: Geschichte des gelehrten Unterrichts. Bd. 2, Leipzig/Berlin ³1921, 667.

[17] Die Anregung zu diesem Vergleich fand ich in der Textsammlung zum Thema „Poesie als Sprach- und Lebensform. Eine Einführung in lateinische Dichtung" von BURKHARDT, F./REIS, H.: Frankfurt. Diesterweg. 1977. Die Sammlung ist für die gattungsbezogene Lektüre sehr gut geeignet. Allerdings fehlt die bilingue Exposition der Texte.

[18] HEIL, G., AU 24, 3, 1981, 25.

Inhalt

Auxilia

Unterrichtshilfen für den Lateinlehrer
Herausgegeben von Friedrich Maier

(in Auswahl)

Auxilia 1: Der Tageslichtprojektor im Lateinunterricht (Best.-Nr. 5401)
Auxilia 2: Ovid: Dädalus und Ikarus / Der Prinzipat des Augustus (Best.-Nr. 5402)
Auxilia 3: Vergils Aeneis (Best.-Nr. 5403)
Auxilia 4: Lateinische Dichterlektüre I (Best.-Nr. 5404)
Auxilia 5: Lateinische Dichterlektüre II (Best.-Nr. 5405)
Auxilia 6: Medienhandbuch zum Lateinunterricht (Best.-Nr. 5406)
Auxilia 7: Caesar im Unterricht (Best.-Nr. 5407)
Auxilia 8: Lernen durch Spielen (Best.-Nr. 5408)
Auxilia 9: Antike-Rezeption im altsprachlichen Unterricht (Best.-Nr. 5409)
Auxilia 10: Leistungserhebung im lateinischen Lektüreunterricht (Best.-Nr. 5410)
Auxilia 11: Sallust als Schulautor (Best.-Nr. 5411)
Auxilia 13: Die Übung im lateinischen Sprachunterricht (Best.-Nr. 5413)
Auxilia 14: Von Nepos bis zum Tetament (Best.-Nr. 5414)
Auxilia 16: Europäische Literatur in lateinischer Sprache (Best.-Nr. 5416)
Auxilia 18: Lebendige Vermittlung lateinischer Texte (Best.-Nr. 5418)
Auxilia 19: Senecas Epistulae morales (Best.-Nr. 5419)
Auxilia 22: Lateinsprechen im Unterricht (Best.-Nr. 5422)
Auxilia 23: Latein in der Mittelstufe (Best.-Nr. 5423)
Auxilia 24: Bildung durch Sprache (Best.-Nr. 5424)
Auxilia 25: Cicero als Philosoph (Best.-Nr. 5425)
Auxilia 26: Rede und Rhetorik im Lateinunterricht (Best.-Nr. 5426)
Auxilia 29: Basissprache Latein (Best.-Nr. 5429)
Auxilia 30: Amor ludens (Best.-Nr. 5430)
Auxilia 31: Seneca und wir (Best.-Nr. 5431)
Auxilia 32: Ut poesis pictura I (Best.-Nr. 5432)
Auxilia 33: Ut poesis pictura II (Best.-Nr. 5433)
Auxilia 35: Altsprachlicher Unterricht und Moderne Kunst (Best.-Nr. 5435)
Auxilia 36: Vom Lehrbuch zur Lektüre (Best.-Nr. 5436)
Auxilia 37: Caesar im Visier (Best.-Nr. 5437)
Auxilia 38: Liviusinterpretationen (Best.-Nr. 5438)
Auxilia 39: Die großen römischen Historiker (Best.-Nr. 5439)
Auxilia 41: Latein – Brücke zu den romanischen Sprachen (Best.-Nr. 5441)
Auxilia 42: Zentrale Wertvorstellungen der Römer (Best.-Nr. 5442)
Auxilia 43: Jugend und Bildung im antiken Rom (Best.-Nr. 5443)
Auxilia 44: Latein auf neuen Wegen (Best.-Nr. 5444)
Auxilia 45: Phaedrus als Schulautor (Best.-Nr. 5445)